走读广东古书院

南方都市报 著

南方日报出版社
NANFANG DAILY PRESS
中国·广州

图书在版编目（CIP）数据

走读广东古书院 / 南方都市报著. -- 广州 : 南方日报出版社, 2024.8
ISBN 978-7-5491-2817-4

Ⅰ. ①走… Ⅱ. ①南… Ⅲ. ①书院—介绍—广东—古代 Ⅳ. ①G649.299.65

中国国家版本馆 CIP 数据核字(2024)第 045200 号

ZOUDU GUANGDONG GUSHUYUAN
走读广东古书院

著　　者：南方都市报
出版发行：南方日报出版社
地　　址：广州市广州大道中 289 号
出 版 人：周山丹
出版统筹：刘志一
责任编辑：李　哲
装帧设计：肖晓文
责任技编：王　兰
责任校对：朱晓娟
经　　销：全国新华书店
印　　刷：广东信源文化科技有限公司
开　　本：787mm×1092mm　1/16
印　　张：12.5
字　　数：200 千字
版　　次：2024 年 8 月第 1 版
印　　次：2024 年 8 月第 1 次印刷
定　　价：58.00 元

投稿热线：（020）87360640　读者热线：（020）87363865

『走读古书院』主创团队

出品人
刘启宇

总策划
戎明昌　刘江涛

策划
王卫国　王　佳

统筹
李　阳　陈伟斌

执行统筹
宋　爽　周佩文　陈成效　陈蓓蕾

题签
刘斯奋

学术支持
李绪柏

统稿
周佩文

撰稿
周佩文　许晓蕾　朱蓉婷　汪雅云　陶新蕾　刘　晨　刘　铮

摄影
邹　卫　张　驰　冯宙锋　黄昕吾

视频
邹　卫　马　青　张　驰　马　强　陈　冲　陈杰豪　陈艺丹
李　行　彭雨欣　张　婷

直播
马　青　邹　卫　武艺璇　李鹤鸣　彭雨欣　阮增豪　黄昕吾

创意设计
关健明　叶可可　原　毅　麦毓轩

前言

读懂广东古书院，品味岭南文化史

书院，是中国古代教育体系中有别于官学的另一个教育系统，它既是教育场所，又是研究学术、普及文化、宣扬教化的重要阵地，在中国教育史上具有重要地位。广东书院始于南宋，兴盛于明代，在晚清达到了高潮——广东成为全国书院最发达的省区之一。

岭南书院，是承载精神气质和文化使命的标志及平台。在明代，广东诞生了具有全国性影响的理学大儒陈献章，他对广东学术的推动主要是通过书院来实现的。伴随着广东书院的发展，岭南地区也出现了众多硕彦名儒：湛若水、阮元、陈澧、张之洞、康有为、梁启超、丘逢甲等，他们为广东文化的繁荣作出了不可磨灭的贡献。再者，清末的广东书院除传播文化外，还刊刻印行了大量经典书籍，贡献悠远。

广东书院兼顾精英教育和民众教育的发展，其兴衰演变与广东文化教育的发展息息相关。广东书院的多元发展，亦体现了岭南教育的多样化以及务实、开放、创新的特点。从某种意义上讲，广东书院史也是广东文化史。

南方都市报“走读古书院”系列，紧扣岭南传统文化主题，通过走访广东省内古书院，以文字、视频、图片等丰富形式对广东古书院遗址进行全方位的记录和呈现，架设岭南书院文化传承领域研究与大众传播之间的桥梁。

“走读古书院”系列报道持续数月，先后派出多支采访团队，总行程1000多公里，以最直观的视角带领大家品读广东古书院的故事，见证古书院的变迁，感受广东文化强省建设的重点工程成果。报道在深度、广度和角度上都非常出色，不但提供了详尽的信息和独到的见解，而且还注重直播和短视频等可视化表现手段的运用，既注重思想性、主题性，又体现出知识性、可读性和可看性。报道不但系统地呈现了广东文化教育的历史，而且梳理了岭南文脉，传承弘扬岭南文化之余，还为粤港澳大湾区的文化认同、交流发展和新生代培育贡献一份力量。

“走读古书院”系列报道在南方都市报、南都App、N视频、奥一网等跨媒体总触达人次逾2000万次，每次直播都在N视频、南都App、微博、百度、快手等多家媒体平台同时进行，网端播放量过百万。微博#走读古书院#话题受关注程度高，当地文旅机构更是主动转载相关图文报道和短视频报道。

“走读古书院”系列还得到了多位专家学者的认可。著名文史大家刘斯奋先生欣然为报道题签“走读古书院”；著名古书院文化研究专家、中山大学历史学系李绪柏教授担任学术顾问；潮汕古书院文化研究专家、韩山师范学院吴榕青教授和孔令彬教授，中山大学历史学系任建敏副教授亲自担任导览嘉宾；中山大学中文系黎国韬教授对所有标题逐一修订；中山大学中文系资深教授、教育部“长江学者”特聘教授吴承学先生在推荐语中如此写道：“《走读广东古书院》一书展现了岭南书院文化的精华和深厚底蕴，反映当时广东与中原文化的交流与互鉴，具有重要的现实意义和时代价值。”

走读
广东
古书院

目录

◆ 南宋年间（1127—1279）

萝岗钟姓始祖钟遂和兴建种德庵。钟遂和之子钟玉嵒对其进行修缮扩建，并更名为萝坑精舍。钟玉嵒之子钟仕绅将萝坑精舍改为玉嵒书院

◆ 明嘉靖年间（1522—1566）

钟氏后人进一步改建，将书院及附属建筑统称为萝峰寺，并安排僧侣进驻，玉嵒书院得以保留

◆ 清光绪元年（1875）

钟氏族人集资对书院进行大规模重修

◆ 公元2008年

玉嵒书院与萝峰寺（包括钟玉嵒墓、钟氏大宗祠、钟氏六宗祠、诰封将军府祠、候仙台、金花庙、招隐亭、山高水长亭、天衢云路牌坊和文昌庙等组成部分）被公布为第五批广东省文物保护单位

玉嵒书院

山高水远桃源外　不辍弦歌八百年

走读导赏

书院Vlog

玉喦书院位于广州市黄埔区萝岗街萝峰山麓，始建于南宋，至少已有800多年历史，是广州现存最早、保存最好的书院之一。

据记载，南宋时期，萝岗钟姓始祖钟遂和在萝峰半坡兴建种德庵，为族中子弟提供读书学习之处。钟遂和之子钟玉喦和学生崔与之少时在此读书，后均考中进士，道德学问皆受人敬仰，崔与之官至右丞相，钟玉喦官至参议中书省兼知政事、朝议大夫。钟玉喦晚年辞官返乡后，对种德庵进行修缮和扩建，修筑了似园、余庆楼，并在不远处开辟了漱玉台，同时将种德庵更名为萝坑精舍。钟玉喦去世后，其子钟仕绅为追思父亲德行遗容，塑钟玉喦像于萝坑精舍正殿供后人拜祭，并将萝坑精舍改为玉喦书院。在明代，由于官府禁办私人书院，嘉靖年间，钟氏后人进一步改建，将书院及附属建筑统称为萝峰寺，并安排僧侣进驻，玉喦书院得以保留。

清光绪元年（1875），钟氏族人集资对书院进行了大规模重修。2008年11月，玉喦书院与萝峰寺（包括钟玉喦墓、钟氏大宗祠、钟氏六宗祠、诰封将军府祠、候仙台、金花庙、招隐亭、山高水长亭、天衢云路牌坊和文昌庙等组成部分）被公布为第五批广东省文物保护单位。

玉喦书院建筑面积约1868平方米，整体依山而建，因势造型，立体展开，外观雄伟庄严，建筑内部错落有致，结构紧凑，设计精巧，楼阁相连，曲径回廊、鱼池水榭、亭台瀑布分布其中，小巧而秀气，历史上此处形成了“萝峰四景”：“山楼望月”“东亭观梅”“玉屏春望”和“漱玉听泉”。院内建筑群众多，是全国罕见的将儒、释、道三家精髓糅合并与自然山水结合俱妙的书院之一。

从萝岗香雪公园穿过一条荔枝林密盖的小路，沿着数十级古朴的石阶而上，尽头处便是玉喦书院。首先映入眼帘的是余庆楼，左边是种德庵，右边是萝峰寺。余庆楼高悬正门的金字红匾“玉喦书院”写于明嘉靖壬辰年间，门联“琴书世泽，俎桓名山”则出自清代书法名家劳肇光之手。在“玉喦书院”横匾之上还有蓝字匾“余庆”，为衡阳王题写。楼内还有一块“余庆”匾额，则为清朝克勤郡王晋祺亲书。

玉喦书院航拍图。整座书院依山而建，因势造型。上方通体红色的建筑为文昌庙 ▶

玉嵒书院位于萝峰山半坡，外观雄伟庄严

玉嵒书院的门联“琴书世泽，俎桓名山”出自清代书法名家劳肇光之手

七檐滴水与八面清风

余庆楼的整体呈凹字形，中间是长方形的观鱼池，池中植有数盆睡莲，池鱼往来翕忽，似与游人相乐。抬头看二层楼阁，会发现此处建筑格局略为奇特，据向导欧雪冰介绍，这便是书院内有名的“七檐滴水”。顾名思义，“七檐滴水”由七个屋檐构成，分别是玉嵒堂一个屋檐，余庆楼三边上下各两个屋檐，下雨时雨水通过七个屋檐滴落观鱼池。这缘于当年钟玉嵒对南宋理宗朝的三皇子有救命之恩，钟玉嵒逝世后，三皇子命人仿皇宫“八檐滴水”的格局重建萝坑精舍，为了不僭越礼制，钟氏族人特地建为“七檐滴水”，并将此建筑格局沿用至今。

这段典故，在玉嵒堂内柱上的一副对联可得到佐证：“玉殿庄严御赐七檐滴水，嵒公德政赢来八面清风”。玉嵒堂内供奉着钟玉嵒，悬挂在左右两

余庆楼与玉嵒堂构成了“七檐滴水”的建筑格局

余庆楼屋顶上的灰塑各具姿态。图为“子晋登仙”

边墙上的“忠”“孝”“廉”“节”黑底金字匾额，是宋朝著名理学家朱熹的手迹。欧雪冰说，这四块匾额也成为钟氏后人的族训。

“菊坡学派”发祥地之一

实际上，玉喦书院除了是萝岗钟氏历代传承家学之地，还是宋代岭南主流学派“菊坡学派”的发祥地之一，对整个岭南文化尤其是广府文化产生过深远影响。

“菊坡”是南宋名相崔与之的号。宋孝宗乾道三年（1167），9岁的崔与之被父亲送来种德庵跟随辞官在家设席的钟遂和读书，因此结识同窗钟玉喦，两人结下了一生不解的缘分。

在钟遂和的教导下，崔与之先是考中举人，33岁赴京城临安（今杭州）入太学，36岁高中进士，后累官至右丞相，成为岭南士子由太学考取科举的第一人。崔与之于诗、文、词方面均颇有造诣，被誉为“粤词之祖”，所作《水调歌头·题剑阁》开岭南宋词之始，所创“雅健”之词风为南宋后期的词人李昴英、陈纪等继承。他还被称为“岭南儒宗”，所开创的“菊坡学派”被认为是岭南历史上第一个学术流派。崔与之及其学派受南宋理学思想的影响较少，甚至提出“无以学术杀天下后世”的宗旨，具有明确批判理学的意

种德庵，南宋名臣崔与之和钟玉喦在此同窗24年

识。其所倡导的学风，在客观上阻碍了南宋后期理学的蔓延趋势。后世岭南学人对其颇为尊崇，如明代思想家陈献章“尝迎清献画像于家，隅坐瞻仰，若弟子之于师者”，更赋诗称“平生愿执菊坡鞭”。晚清广州城内越秀山麓曾出现过一间大名鼎鼎的书院——菊坡精舍，山长为当时岭南学术界最具影响力的陈澧，这是向崔菊坡隔代致敬了。

山高水长亭前的千年古荔

自玉喦堂出来，记者一行路过洗心池，拾级而上，穿过小山门便来到了候仙台。向导欧雪冰介绍，钟玉喦当年在此夜观天象时，看到不远处仙人们在喝酒，自觉神奇，便在原地建起了候仙台。

站在候仙台上几乎可以俯瞰整座书院。白墙黛瓦，古树葱茏，坐在石凳上暂歇，抬头可见山高水长亭。该亭又称为东亭，是钟玉喦的曾孙钟复昌所建，“山高水长”匾为后来明代岭南大儒湛若水所题。如今亭内立有一方碑刻，上面的文字乃晚清两广总督张之洞到萝峰寺观赏梅花时所作的长诗，有诗句“种梅如种桑，衣食山中人”。

山高水长亭旁边有一突出的大石，上书“催诗岩”。“催”字可谓写尽了旧时学子为觅佳句而殚思竭虑之态。催诗岩前面是一株被铁栅栏围起来的

书院内的洗心池，洗之可神清气爽

千年古荔。相传该树已存活逾千年，是广州目前有记载的树龄最老的古树。据介绍，这是一株山上自然生长的荔枝树，当地人称为“山枝”，明代时已高达数丈，粗需两人合抱。明嘉靖十六年（1537），番禺、南海一带大雪，满山树木大部分被冻死，这株古荔也被严重冻伤，枝丫渐腐，乡人都以为它难逃死劫。岂料第三年春天，荔枝树居然从树茎底部长出了三枝嫩芽，重新焕发了生机。经历千年沧桑，这株荔枝树如今依旧枝繁叶茂，每年还能结出“桂味”和“山枝”两种荔果。目前，这株千年古荔已申请古树保护，每年都会有果树专家来照看其生长情况。

千年古荔旁边还有两块巨石，上面分别写着“玉屏”和“漱玉”，想来这里便是“萝峰四景”中“玉屏春望”和“漱玉听泉”的出处了。

众多文人雅士瞻仰门墙

向导欧雪冰表示，整座书院最高处是通体红色的文昌庙，该建筑高两层，寓意出人头地。相传文昌庙的建立与湛若水有直接的关系。话说当年湛若水前来玉嵒书院赏梅，看到书院所在地乃一处风水宝地，便想购下书院左侧的空地作为自己未来的墓地。钟氏族人自然不想卖地，但又不好驳湛尚书的面子，于是商议在空地上建一座文昌庙，供奉文昌帝，并将决定告知湛尚书，身为一代教育家的湛尚书不但不恼，反而欣然题写了榜书“山高水长”送予书院，以此鼓励钟氏族人多读书，成就了一段佳话。

庙门口正对着一座牌坊，是明嘉靖十一年（1532）钟氏族人扩建玉嵒书院时建立的，它坐北向南，高4.2米，宽3.8米，两面分别刻着“云路”和“天衢”。每年二三月，正值庙旁两株参天木棉花开花落，古老牌坊在一地落红中更显古朴，煞是好看。

专家指出，玉嵒书院最大的特点是历史悠久、规模宽敞、保存完好，它本质上是一处宗族或家族书院，主要为祭祀与会文之所。

数百年来，玉嵒书院吸引了众多文人雅士前来瞻仰门墙，留下墨宝。据统计，书院内共有各类碑刻牌匾60件（套）。譬如唐代韩愈所题匾额“鸢飞鱼跃”，明代海瑞为萝坑精舍题联：“石磴泉飞山欲静，洞门云掩昼多阴”，文天祥手书的绝句四首木刻，清代克勤郡王晋祺亲书的“蓬岛云林

文昌庙与门前的天衢云路牌坊

万本梅花千古色，萝峰泉石百丛草木四时春”联语和东厅的“人间妙境”横匾，郑板桥的春、夏、秋、冬四时画竹木刻拓片，著名金石学家、书画家符翕为种德庵所题门联：“涧水流年月，山云无古今”，朱次琦为种德庵所题门联：“读书时有珠船获，论古还将玉麈挥”，苏若瑚所题的萝峰寺门联：“萝藤诘屈路如篆，峰峦罨画山欲春”，陈澧的篆书联“行己有耻，博学于文”，伍学藻所题的萝峰精舍门联：“楼台四壁烟云合，草木一谿文字香”，等等，都值得细细玩味。

站在招隐亭前不禁深思，一代又一代的硕彦名儒何以热衷于在这里留下书迹？或许正如清代诗人张维屏在这里留下的名联所说，他们在这里寻到了心中的家园：“行云流水见真性，明月清风来故人。”

玉嵒诞与“萝岗香雪”

玉嵒书院历经数百年风雨而屹立不倒，与当地人把钟玉嵒奉若神明有莫大的关系。广州市非物质文化遗产代表性项目玉嵒诞，便是萝岗人为纪念钟

萝坑精舍内挂满了名人墨宝。图为清代郑板桥画竹木刻拓片和明代海瑞为种德庵所题的对联

玉岳而举行的民间传统活动，至今已有800多年历史。每年农历五月二十钟玉岳诞辰这一天，钟氏各房60岁以上长者便会齐集玉岳书院，参加祭祀活动。上午9时，各房公推的主持人宣布祭祀开始，八音队同时奏乐。首先上香点烛，摆放烧猪、时果等祭品，接着主祭人宣读祭文，祭文读后焚烧。鼓乐重新响起时，参与长者按照长房到七房的顺序轮流行三叩大礼，然后其他族人方可自由参拜。最后，参加祭祀活动者要齐唱《玉岳公诞歌》。

祭祀活动后是一场水果比赛，参赛的水果有荔枝、沙梨、凤眼果、芒果等，评审的标准是最靓且最大者胜出，奖品依次为银锭、木匾和谷箩。举办水果赛是为了相互交流种植水果的经验，促进当地水果种植技术的发展。据介绍，水果比赛除了水果之外，经常还会出现禾、芋头、姜等农产品。水果比赛后还会举行文会，钟氏子孙中的读书人会在书院东厅品文赛诗歌。

除了玉岳诞，“羊城八景”中的“萝岗香雪”也与钟玉岳有关。“岭南无雪何称雪，雪本无香也说香。十里梅花浑似雪，萝岗香雪映朝阳。”郭沫若诗中的“萝岗香雪”，指的是萝岗地区“十里梅林”每年冬季梅花盛开的美丽景观。种下“十里梅林”最初几株梅树的便是钟玉岳，最初的观梅胜地也在玉岳书院。

话说钟玉岳辞官南归途中，于寒冬时节路过粤北大庾岭梅关古道，恰见当地梅林飘香，因爱其高洁出尘，于是带十数株梅苗回乡，种在种德庵下的溪水旁边，悉心栽培。到了清朝初年，已经成一片梅林。清代《南海百咏续编·名迹》中记载：“洞内有萝峰寺、玉岳书院，冬梅盛开，晶玉廿里，真同香雪海，粤人多往游焉。”可证其时萝峰寺和玉岳书院实乃观梅胜地，不少文人雅士前来问梅。随着时代的变迁，玉岳书院内如今已难觅梅影，但其距离“萝岗香雪”的梅林也就一箭之遥。

钟玉岳像

● **清嘉庆九年（1804）**

万木草堂的前身——邱氏书室，由广府邱（丘）氏族人集资筹建，一为祭祖，二为族内子弟应试会考、学习起居之用

● **清光绪十七年（1891）**

康有为租用邱氏书室创办长兴学舍，后因以树木喻人才，学舍更名为万木草堂

● **公元2004年**

广州市政府迁出住户并对万木草堂进行全面修缮

● **公元2010年**

万木草堂被活化利用为万木草堂陈列馆，常设展览展示康梁文化和事迹，开展公益讲座、国学雅集等活动，以弘扬康梁文化为主旨，传播传承中华优秀传统文化

万木草堂

康梁报国开新法 万木森森一草堂

走读导赏

书院Vlog

万木草堂内景。“万木草堂”匾为康有为亲题

万木草堂前身为邱氏书室。清嘉庆九年（1804），由广府邱（丘）氏族人集资筹建，一为祭祖，二为族内子弟应试会考、学习起居之用。建筑坐西向东，为三间三进、两天井、硬山顶建筑，是河南洛阳西部地区建筑与岭南建筑的结合体，面积约为663平方米，位于今广州市越秀区中山四路长兴里3号。

清光绪十七年（1891），康有为租用邱氏书室创办长兴学舍，后因以树木喻人才，学舍更名为万木草堂。万木草堂大力宣传新思想，培养了大量维新人才，是近代新思想的发源地之一。康有为写下了《长兴学记》作为学规，以《论语》中的“志于道，居于德，依于仁，游于艺”为学纲，对学生施教。

万木草堂曾一度成为锁厂和杂院。2004年，广州市政府迁出住户并对万木草堂进行全面修缮。2010年起，广州市越秀区文物博物管理中心（广州市越秀区博物馆）、广州市越秀区文德文化商会和广州市广府文化研究中心共同管理万木草堂，将其活化利用为万木草堂陈列馆，常设展览展示康梁文化和事迹，开展公益讲座、国学雅集等活动，以弘扬康梁文化为主旨，传播传承中华优秀传统文化。

古朴幽静的书室

中山四路长兴里，高楼林立，浓浓的商业氛围包围着一座清朝古建筑，建筑门额上面刻有“邱氏书室”四字。

一踏进书室，触摸着逾百年的青砖墙，外面的喧嚣突然消失了，整座百年古书院给人以幽静清雅的感觉。

天井式院落里，种着罗汉松和三角梅，两边还用水缸养着盆栽花卉水白菜，古色古香的氛围充溢其间。万木草堂陈列馆前副馆长黄惠雄说：“这些植物都是后期博物馆活化的时候，我们自己种的。希望观众从外面喧嚣的闹市一踏进万木草堂，心情马上就能平静下来，在这里享受慢生活。”

一座由知名雕塑家潘鹤创作的雕塑《康有为与梁启超》也矗立在院落里。只见两人高低坐立，身后是汹涌波涛。黄惠雄介绍说，这寓意着当时中国正处于变革时代。作为老师的康有为身穿长袍，目光沉着，抚着一叠书，寓意思想从此中来。而作为学生的梁启超身穿西装，望着远方，彰显了近代志士探索中国富国强民之路的决心。

地处闹市的万木草堂（何嘉敏　摄）

《康有为与梁启超》雕塑

中厅就是康有为曾经讲学的课堂，上面牌匾写着“万木草堂”，乃康有为亲题。课堂里面摆满桌椅，正中间悬挂一幅孔子画像，画像两旁写着“仁义礼智信，温良恭俭让”。

清光绪十七年（1891），康有为在弟子陈千秋、梁启超的协助下，租借广州长兴里邱氏书室创办长兴学舍，正式设堂讲学，培养“经世致用”的救国人才，长兴学舍亦因此成为康有为宣传维新思想的重要策源地。

由于学生人数不断发展扩充，清光绪十八年（1892），康有为将学堂迁往卫边街邝氏宗祠（今广州市广卫路附近）。次年冬又移至广府学宫仰高祠（今广州第一工人文化宫），并取意“夫养人才，犹种树也”，正式将学堂更名为万木草堂。

这座旧时的学堂，现在依然起着作用。在这里，每年定期举行开笔礼活动，长期开放少儿（亲子）艺术空间，还聘请了当代五弦琵琶代表人物方锦

课堂前面立了一面大鼓，击鼓三通，表示开始上课

今日万木草堂已成为爱国主义教育基地

龙为礼乐大使。除此之外，作为爱国主义教育基地，学堂针对青少年开设了粤语讲古以及各项“非遗”活动和亲子项目，通过举办“最美”系列讲座、广府文化讲座等，吸引更多青少年走进万木草堂，认知中国的经典文化。

教育理念：重视德育培养

清光绪十五年（1889），康有为在北京以布衣身份上书，请求维新变法，清廷置之不理。康有为回广州后，自思孤掌难鸣，要有群众基础，乃可有成，决定先从发展教育、培养人才入手。

为此，康有为在万木草堂中培养出了一大批人才，其中便包括“戊戌六君子”之一的康广仁以及戊戌变法的骨干梁启超等人。此外，曾经叱咤羊城的江孔殷太史、暨南大学创始人之一郑洪年也是万木草堂的学生。

当年，学生们要具备什么条件才能入读万木草堂呢？梁启超曾经谈到康有为招生时的场景：“先生初接见一学者，必以严重迅厉之语，大棒大喝，打破其顽旧卑劣之根性。”万木草堂招收学生不设门第高低、年龄大小等限制，而是通过康有为逐一面试谈话，对求学者的志气、品格、学问等进行甄别，认为其有志于追随自己的维新事业方收入门下。

不仅招生特殊，管理也与众不同。万木草堂特设名为“学长制”的教学管理模式，学长由康有为在学生中指定人担任。万木草堂的学习组织，以及日常事务管理，均在学长带领下有序开展，可将学长制视作学生自治管理的雏形。

长兴学舍（万木草堂）在学纲中列有“检摄威仪”一项，对学生的仪容服装亦有严格的要求规定，以至于形成鲜明的标识，使人一望而知是“康门”学生。根据学生卢湘父回忆：“凡上堂者必穿长衣，虽祁寒酷暑，无短衣露足者。尔时蓝夏布长衫，散脚裤，为康门之寻常装束，俗人一望而知其为康门也。”当时万木草堂是有统一校服的，那就是长褂，学生们须统一穿长褂上课。课堂前面立了一面大鼓，击鼓三通，表示开始上课，鼓声震耳，也有警醒之意。

万木草堂的学费称为“脩金”，数额为每人每年十两白银。这一学费并非定数，康有为对于家境贫苦的学生，往往免其学费；而一些家中比较富裕的学生，则需多交学费至三四十两。

万木草堂的学科设置具有鲜明的“变法图强”特点，分为“学科”和“科外学科”两方面，在内容安排上不仅体现出中西兼备的特点，更特别强调德、智、体、美四育相结合，引导学生全面发展，成为适应当时社会变革进步所需要的人才。

讲述万木草堂故事的绘画

为规范教学，使求学者在学业上有所依归，康有为根据自己治学的经验并结合古今中外的教育优点，手定《长兴学记》作为学规。作为学规核心部分的学纲，以《论语》中“志于道”“据于德”“依于仁”“游于艺”等四言为纲，在此之下，又分设格物、厉节、慎独、养心、检摄威仪、敦行孝弟（悌）、崇尚任恤等若干条目，充分体现出康有为对学生德育培养的重视。

当年的集资“高考”房

万木草堂除了大的学堂，还有一些小单间，现在用来做陈列室和展览室。房间门楣上写着“饶平房”“增龙从房”……由于年岁久远，字迹已经有点模糊。清朝曾颁过三次禁令严禁广东建合族祠堂，于是很多祠堂便以书院、书室的名义来修建，邱氏书室便是典型的例子。一来方便邱氏子弟来省城读书学习，及之后前往不远处的广东贡院参加科举考试；二则方便祭祀祖先，做祠堂之用。“这些房间一般是租给来参加应试考试的邱姓子弟。当时交通不发达，他们要提前从自己的家乡到省城来，到省城后，还要适应一下这里的生活，在这里复习考试。”

门楣上的字，也特别有意思。整个广府地区姓邱的人都有捐份子钱。“各地区的孩子将来要到省城考科举，就按照不同地区的标记住在哪间房。‘饶平房’就是来自饶平的邱（丘）氏族人出的钱，‘增龙从房’就是来自增城、龙归、从化的邱（丘）氏族人出的钱。”

大门右侧的花坛边上，还有一尊同样由知名雕塑家潘鹤创作的雕像，名为《丘逢甲》。清末著名爱国诗人丘逢甲作为丘氏族人，刚从台湾回来时，也是在这里落脚借住。

中日甲午战争爆发后，丘逢甲请命督办团练。台湾割让给日本后，他写“拒倭守土”血书，亲率义军抵抗日寇。力战20余昼夜，因清兵不援，孤军无继而战败，遂内渡福建，后转回原籍广东省梅州镇平（今梅州市蕉岭县）定居，创办学校，推行新学，曾主讲潮州韩山书院。宣统元年（1909），当选为广东咨议局副议长。宣统三年（1911）9月，广东光复，丘逢甲任广东军政府教育部长。

当年的“高考”房，现在已经成为陈列室，除了常设展览展示万木草堂的历史，还有不定期的康有为梁启超书法巡展等临展。

这是一间沉浸式“声音博物馆”

穿过一条长长的青云巷，就是内堂。这条青云巷有平步青云的寓意，旁边种着芭蕉，下雨天，滴滴答答的，特别有岭南“雨打芭蕉”的意境。

然而不用等到下雨天，人们只要戴上耳机，一样能听到“雨打芭蕉”的声音。原来，万木草堂打造了一个声景艺术作品《万物有声》，在草堂的每一个空间，游客可以戴上耳机，听不同的声音，沉浸式感受这座百年古书院。为此，万木草堂也有“声音博物馆”的美誉。

《万物有声》的作者陈弘礼以庄子《齐物论》“人籁”“地籁”“天籁”的声音哲学为基础，感悟《礼记·乐记》对“声”“音”“乐”的阐述后获得启发，将声音归纳为自然之声、社会之声、人文之声三大部分。

比如，在青云巷，可以听到《雨打芭蕉》；在当年万木草堂上课的地方，可以听到《草堂怀古》，用击鼓声和孩子的琅琅读书声，呈现出当年学子的学习场景；在内堂，可以听到《风吹竹林》，通过风吹竹林和远处风铃的声音，带出天地人的沟通。

为什么内堂会用如此空灵的音乐呢？因为在老城区能够保留一座古建筑是非常难得的。人们在万木草堂天井中可以看到越秀区的天际线，一抬头

万木草堂内悬有康有为的名联：“恪勤在朝夕，怀抱观古今。”

就是外面的高楼，古今交融。这里既有城市的烟火气，也有书室的文气。所以，内堂里特别设置了一段《风吹竹林》的音乐。同时，竹也是“花中四君子”之一，挺拔而坚韧，象征着节节高升、不屈不挠的精神。

书室藏书阅读功能可望恢复

看着今日的万木草堂，你可曾想到，这里还一度成为锁厂和杂院。2020年，“万木草堂保护与活化利用”项目入选“广州市第一批文物保护利用典型案例”，万木草堂成为广州重要的文化名片。多年来，这里举办讲座、研讨会、艺术展、体验课等形式多样的文化活动近千场，宣传康梁学术，传承中华优秀传统文化以及广府文化。

今天，万木草堂已经成为“国家4A级旅游景区——北京路文化旅游区”

旅游线路的第一站，与城隍庙、南越国宫署遗址、老字号一条街、千年古道、拱北楼遗址、大佛寺、西汉水闸、药洲、庐江书院等景点整合、串联成“S”形北京路文化旅游区精品旅游路线。

但万木草堂并不满足于此，软硬件改造依然还在继续。万木草堂陈列馆副馆长温曼薇表示，万木草堂正在恢复图书室，后面还有几间房想打造成书吧，让游客可以在这里安静地叹茶、看书。

这一想法并非凭空而来，因为万木草堂曾经是广州远近闻名的藏书楼。温曼薇介绍，据估计，康有为一生所积图书不下数十万卷，仅宋元明善本古籍就有6000余册。万木草堂成立时，康有为的藏书除了留在故居延香老屋一部分外，多存于草堂。为了扩充藏书，他大量购书。上海制造局译印的西学新书，30年间售出量为12 000本，而康有为一人就购了3000多本。

万木草堂墙角生长的一株绿植

万木草堂的藏书由学生自主轮值管理。据卢湘父回忆，“万木草堂藏书……例以一人每月轮值，借书者向当值人声请，借取某书，由当值人检出交付之，借书人则书名于书藏簿记上，还书时，则注销之。每月终，例将各借书一律缴还，检查书藏一次，如欲续借者则重新登记，而轮值者即于此时交代焉。”这已经颇具现代公共图书馆的面貌了。戊戌变法失败后，草堂藏书部分被焚，部分拨给广雅书院，部分流散。

当年的万木草堂以新思想闻名。今天，万木草堂在活化创新中，演绎着传统与文化的传承。

● **南宋淳祐四年（1244）**

时任广东经略安抚使方大琮将建于清风桥北（今广州市起义路附近）的景濂堂改建成濂溪书院

● **清代乾嘉年间（1736—1820）**

为了弘扬祖先在福建建阳考亭书院的儒泽，勉励子孙学业有成，朱熹后人在广州府学不远的流水井修筑书院，袭名考亭书院，又称朱家祠

● **清嘉庆十三年（1808）**

庐江书院由居住在广州、肇庆的何氏族人共同出资合建

● **公元2019年**

庐江书院成为华南地区首家综合性金融博物馆

流水井、大小马站书院群

朦朦月影追灯影
琅琅书声夺市声

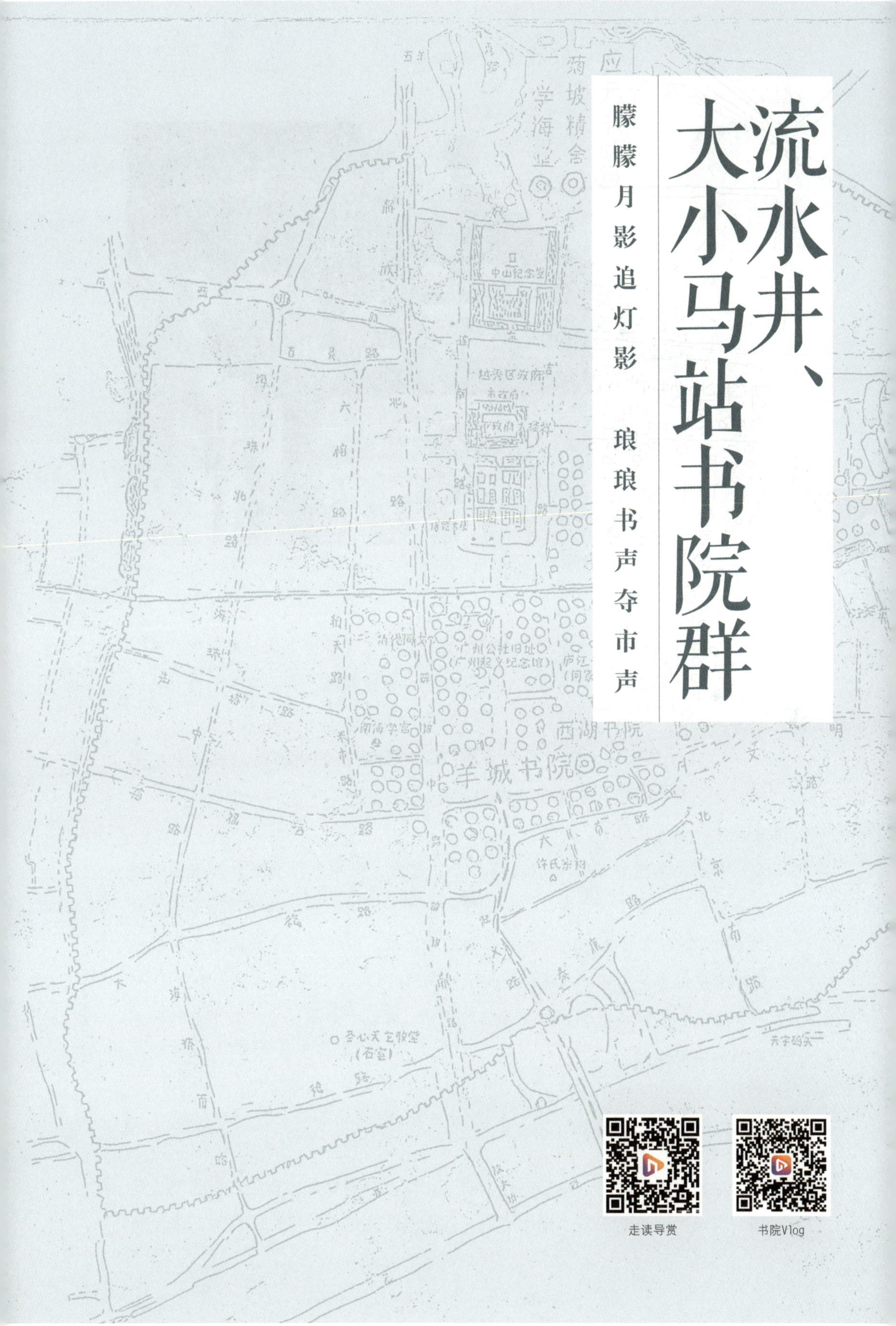

走读导赏

书院Vlog

广州书院文化街上的几座书院牌坊，然藜书舍、濂溪书院、三益书室均为合族祠书院

“门临流水，人步青云”是广州越秀区流水井牌坊上的一副对联。从繁华喧闹的西湖路商业街拐进来，咫尺距离，就仿佛踏入另一方天地，古朴、宁静。

“有句老话叫‘银行多过米铺’，实际上以前广州是‘书院多过米铺’。这么个小小的地方，以前是书院一间挨一间、一间对一间的。”知名广府文化学者饶原生介绍说。

今天的越秀区是古代广州城中心。据《广州越秀古书院》，清代广州书院在数量上居全国之首。在今北京路附近，以流水井、大小马站为核心的约3平方公里的区域内，百十家书院集中分布，形成了一个全国罕见的书院群。书院主要分为官办书院和合族祠书院两类，又以合族祠书院居多。

合族祠书院虽无官办书院那样的讲学、课试、藏书功能，却是当时教育体系的重要辅助。

既是祠堂也是书院

穿过流水井牌坊，走进广州书院文化街，会看到几座古色古香的书院牌坊。牌坊上的粤秀书院、禺山书院、西湖书院为这一片区内的官办书院，而濂溪书院、然藜书舍、三益书室则为合族祠书院。濂溪书院是周家祠，然藜书舍是刘家祠，三益书室则是江、何、黎三姓合族祠。

合族祠书院源于清代。据《儒林芳草：广州书院史话》记载："广州自清初两王入粤屠城之后，城中已很少有五世以上的家族，无法建宗祠，只能由同姓族人建立合祠。但雍正十三年（1735），朝廷下令严禁民间聚众结盟，凡寺、观、神、祠，俱禁止兴建……民间的合族祠不得不改为书院、试馆。"

但这些"书院"并不仅仅是"宗祠"的别称，而是由特定姓氏家族支配的教育组织，兼具教育功能和祖先祭祀功能。

位于西湖路流水井29号的庐江书院，又称何家祠，有200多年历史，现已开辟为岭南金融博物馆。庐江书院由居住在广州、肇庆的何氏族人共同出资于嘉庆十三年（1808）合建，后经过几次重修，现为大小马站古书院群中保存较为完好的书院，属广州市文物保护单位。

书院门楼坐西朝东，门额"何家祠道"四字，显出沧桑古劲的气派。门楼后有照壁和庭园。主体建筑也称为正祠，坐北朝南，为三进式，硬山顶，灰塑博古瓦脊。大门上有石额，刻"庐江书院"，中墙有"必得其寿"彩绘。

庐江书院正面堂屋。庐江书院已开辟为岭南金融博物馆

庐江书院正面堂屋的博古瓦脊

前堂为门堂式，由塾台、塾间等几大部分组成。塾是古代礼制的体现。塾台位于大门左、右两侧，采用须弥座形式，功能是大型祭祀庆典活动时的鼓乐台。进入大门，分布在东西两侧的小房间为塾间，主要供宾客休息或作储物室。

此外，堂屋雀替颇具特色。雀替早期为简单的涡卷纹，后期发展出花卉、博古、龙、人物等图案造型。庐江书院堂屋雀替雕刻以人物，题材为“八仙过海”。

正面堂屋的梁头也有些与众不同。传统建筑中梁头多为卷草或涡卷纹，最常见的是龙头或龙鱼造型。而庐江书院堂屋梁头是人物石雕，分布在前堂两根石檐柱上，共两组6个人物，推测为雷公电母、风伯雨师，背后均有道童擎旗。广州属沿海地区，多台风雨水，建筑装饰风雨雷神，有镇宅的寓意。

正祠两侧为东西试馆，由一间间小屋组合构成，各小屋的门楣由麻石砌就，刻写出资的宗族房系，比如“顺德思远堂房、大会堂房、陈村堂房”。

庐江书院正面堂屋的梁头是人物石雕

虾弓梁金花狮子

“早期的族人约有86房，后来发展到157房。但这里的房，并不是实体性宗族之下的分支，而是一个个独立的宗族通过付出一笔加入经费而获得书院成员资格，即所谓的‘房份’。”岭南金融博物馆陈列研究部负责人苏慧颖介绍称，“庐江书院其建筑群落主要由堂屋及附属东西试馆组成。堂屋主要功能为何氏宗族的公共活动场所。而‘房份’最直接的物质体现便是东西

庐江书院东西试馆由一间间小屋组合构成，小屋门楣由麻石砌就，刻写出资的宗族房系

试馆，其由一间间小屋组合构成，多为上下两层，占地面积约为10—15平方米不等，各小屋的门楣由麻石砌就，刻写出资的宗族房系，作为各地宗族子弟科举赶考的临时落脚点。”

位于越秀区西湖路流水井35号的考亭书院，又称朱家祠。考亭位于福建建阳，是朱熹晚年讲学居住的地方。竹林精舍是朱熹一生兴办的最后一所书院。朱熹辞世后，南宋淳祐四年（1244）宋理宗御书“考亭书院”赐匾给竹林精舍，书院由此得名。朱熹第七代孙迁居到广东新宁（今广东江门台山市），到清代乾嘉年间发展为新宁一大族，为了弘扬祖先在考亭的儒泽，勉励子孙学习，于是在广州府学不远的流水井筑起这所书院，袭名考亭书院，又称朱家祠。建院目的除纪念朱文公业绩外，还有便于朱家举子赴省城或赴京参加会试或殿试时集中学习、住宿。考亭书院还有一个规定，凡本姓人中举人以上的，必须接受紫阳书院（紫阳是朱熹别名）的奖赏和在这两院举行祭祀仪式，这种做法直到清末科举制度取消才终止。

考亭书院现存建筑仅余奎楼。大门建在奎楼下，门上石匾刻“考亭书院”四字，与现存建阳的宋理宗所书“考亭书院”石坊（明代嘉靖年间建）字迹相同。门檐后是奎楼，三楼有耳窗，窗上小石碑刻有“奎阁”二字，取意中魁入阁。

考亭书院大门，其上即为奎楼

考亭书院对侧是位于流水井38号的冠英家塾，又称马家祠。一位已搬至西关的阿叔告诉记者，他小时候就住在这里，一大家子都是马氏族人，都是亲戚。他搬走后时不时要回来看看，对院子里的一树一井都充满了回忆，“我家这口井还有对面考亭书院里的井，水很清很凉的，水并不深，我以前都试过跳进去消暑。”马叔说。

在饶原生的带领下，记者辗转找到了位于西湖路小马站19号的濂溪书院旧址，这是北宋著名哲学家、宋明理学开山鼻祖周敦颐在广东的后人所建的合族祠书院。据《广州龙归南村周氏族谱》的记载，周敦颐有两子，一个叫周日寿，一个叫周日泰。周日泰的次子叫周直卿，周直卿有九子，后来散落在珠江三角洲各地。所以广州的濂溪书院以周直卿为始祖公，于清康熙五十五年（1716）在仙湖街建“先贤濂溪周元公祠”，清康熙五十七年（1718），顺德周氏族人在小马站重建濂溪书院，又称周家祠。

濂溪书院2015年被列为广州市文物保护单位。现在外墙上除“濂溪书院旧址”匾额外，还嵌有麻石界碑一块，上书“周濂溪祠地墙界”。

合族祠书院主要用途有三：其一是应试，逢乡试、会试之年，为各房子弟赴省或赴京应试提供住宿及修习备考的地方；其二，供奉祖先牌位，举行春秋祭祀和颁胙仪式；其三，作为各房因公晋省（侯委、纳粮、诉讼）暂寓

冠英家塾大门

之用。

由此可见，合族祠书院虽无讲学功能，但当年赴省城参加府试和乡试的宗族子弟，都住在这些宗祠书院里，考完试以后，又在书院里等候放榜，可以说这里的一砖一瓦与教育、科考有着千丝万缕的关系。

那为什么这些合族祠书院会集中在北京路一带？饶原生解释说："清代贡院在今天的越秀中路，学政衙门在今天的教育路。而合族祠书院主要是为应试族人服务的，那么选址多会围绕在这一带。有点像这些年兴起的高考或考研的考试房，自然多集中在考点附近。"

与商品经济发展有一定关系

广州合族祠书院的兴起，与清中叶逐渐走向繁荣的商品经济有一定的关系。

据《众人太公和私伙太公：从珠江三角洲的文化设施看祠堂的演变》："祠堂之能普及民间，盖起源于朝廷的倡导，而其主要原因则是由于珠江三角洲的宗族制度同商品经济互为表里，才得到充分的发展。""它们通过务贾来增强宗族的经济实力，在强大的经济基础支撑下，又通过业儒来跻身仕

濂溪书院旧址牌匾

途，谋求社会地位。双重追求，两者互为补充。而通向功名利禄的‘正途’唯有读书，接受教育。”

据《在城市与乡村之间——清代以来的广州合族祠研究》，广州的合族祠书院大都建于康熙年间及以后。当时，广州商业繁华，商品流通及人口移动频繁，到广州参加乡试的各地士子不断增多。省内各姓纷纷联络本县多个同姓宗族，或联络数县、数十县姓宗族，彼此以“房”的名义合资参与，在广州城买地买房建立以宗族为背景的书院，作为各地本姓子弟应试和因公晋省暂寓之所。

据同治《广州府志》记载，自清康熙以来，贡院号舍不断扩增。苏慧颖介绍：“贡院号舍的增多，表明科举应考的人数在不断增加。亦表明社会群体希望通过‘业儒’来跻身仕途，谋求社会地位。远离省城的边缘宗族为应对科举应试的需求，而不得不在广州城内寻求落脚点，在某种程度上也催生了合族祠。”

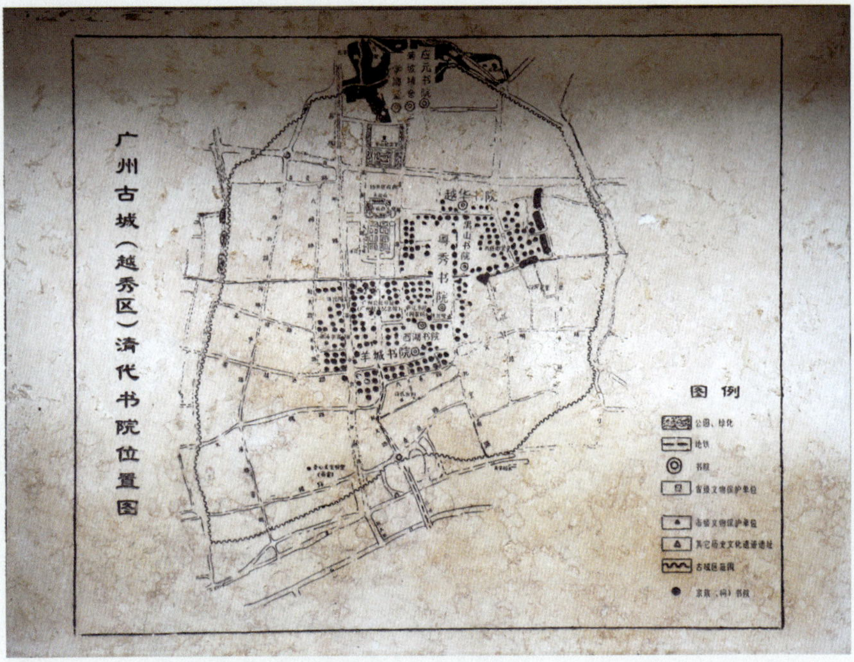

从广州古城清代书院位置图可以看出当时合族祠书院星罗棋布

庐江书院内现存有12通石碑。从刻于清嘉庆十三年（1808）的《房份次序碑记》、清道光二十年（1840）的《重修庐江书院碑记》中可以看到庐江书院的收入主要来自宗族的捐献、其名下的物业租金及店铺的收入等，而这些收入主要用于房屋的修缮、祭祀设施的修筑等。

谈及合族祠与商业运作之间的联系时，苏慧颖特别提到一通“还我尝业”碑。碑文主要讲述了何家子孙何玉衡在担任族产协理期间，私自将族产里的6间商铺抵押变卖给张氏，何家后人通过法律诉讼，终于拿回了这6间商铺。

通过对碑刻进行释读，可以在一定程度上管窥合族祠的经济信息。“‘尝业’也称尝产，俗称‘公尝’，是同一家族或宗族各房共同占有的公共财产。”苏慧颖解释，“庐江书院的日常运作，除了管理宗祠本身之外，还涉及一定数量的经济产业，所以置业和管业也是主要的经营活动。在置业层面，一旦积蓄稍有宽裕，宗族会马上置业出租收取利益。由于涉及的是共同财产，所以置业时，必须要求各房主人同意或共同参与。但是，为了提高运作效率，宗族会选举‘值事’‘协理’‘任事’等负责‘尝业’的日常管理和运营。何玉衡便是在担任‘协理’期间，利用职务的便利，私自变卖‘尝业’，因此引发了族人争讼。”

在饶原生看来，庐江书院经过200多年的发展，在2019年成为华南地区首家综合性金融博物馆，其内在亦有联系。“广州作为千年商都，金融历史文化底蕴深厚。而能建合族祠书院的多为广府的名门望族，说明经济条件好了，就希望子孙博取功名。俗话说‘书中自有千钟粟，书中自有黄金屋’。书读好了也可以更好地做生意。”饶原生说。

严格规定保障读书考试

苏慧颖介绍，合族祠人口众多，管理浩繁，因此，族人对合族祠提出了管理要求，这些管理大多涉及书院，从这些管理可以看到合族祠书院是如何推动和保障族人科举考试的。

比如庐江书院在其管理规定中写明：“各房子弟新登文、武科第，又赴祠谒祖者，奖花红银一两；恩优拔副岁贡生，奖花红银一两；南北乡试举人，奖二圆；解元，奖三圆；进士，奖四圆；会元，奖五圆；翰林，奖六圆；榜眼、探花，奖八圆；状元，奖十圆；副将至提督，奖四圆。钦赐科第亦照此办理。”还规定：“议各房兄弟子侄到来赶科考试，入房居住，务必安静，不许聚赌掷骰、抹牌猜枚、吹箫弹唱。每逢场前夜宿、场期作文之日，亦不许喧哗扰乱。倘有犯例，即许值事召集各房矜耆重责；如不悔改，可将其革出该房，永不许入房居住。”

类似规定在其他合族祠书院也有，譬如濂溪书院。据《广州越秀古书院》，周氏聚族会议拟定主祠规27条，以管理周元公祠和濂溪书院。据《祠规》记载，书院是为了周氏子孙应试而设，不是应试之人不许居住。书院平时可租给读书、教书的人，但到了乡试期间一律要搬清。如果周氏子孙中有中举考取功名的，还有一定的奖励，中文举人送花红银14两，中武举人送7两，到京参加会试还赠送路费10两等。管理规定不仅明确了日常保障族人子弟专心读书的种种条例，还包括了对获得科举功名子弟的奖励举措，由此可见，合族祠书院非常注重科举功名。

● **清康熙三十八年（1699）**

青云书院始建，两年后建成。是当时广州府、肇庆府的梁姓宗族共同合资建造的合族祠，为参与建祠的梁姓宗族子弟到广州城参加科举考试、办理诉讼、缴纳赋税等事务时提供居所，供奉孔子弟子梁鳣、春秋时梁国君主梁康伯以及赞助兴建祠堂的各房先祖神位，故亦称梁氏家庙，又名梁氏千乘侯祠

● **清乾隆三十九年（1774）**

进行改建和扩建

● **清同治五年（1866）**

进行重修扩建，增建了西斋（昌后堂）

● **公元2009年**

当地政府与非营利机构合作对青云书院按照“修旧如旧”“建筑如故”的原则进行修葺

● **公元2010年**

青云书院被列为越秀区文物保护单位

● **公元2021年**

青云书院被列为第九批广州市文物保护单位

青云书院

名流辈出成佳话　古祠屹立步青云

走读导赏

书院Vlog

历经沧桑的青云书院如今成了北京路商圈附近的“网红”打卡点

在广州越秀区起义路和惠福东路交接路口，有一座青砖黛瓦、古香古色的院子，十字街道车水马龙的喧嚣似乎也侵扰不到它的幽静。事实上在广州市建道修路历史上，这座建筑还曾受到过很特殊的待遇——当年广州的中轴线道路都为它修改过方案，它就是已经有320多年历史的青云书院。

如今这座历经百年沧桑的书院，在传统文化与创新思维结合推广下，出人意料地成了北京路商圈附近的“网红”打卡点，年轻人不仅可以在这里喝咖啡、品生活，还有可能在这里遇到文坛鸿儒、艺术巨匠。青云书院在今时今日，又焕发了新的活力。

一度面临被拆危机

青云书院始建于清康熙三十八年（1699），建成于清康熙四十年（1701），是当时广州府、肇庆府的梁姓宗族共同合资建造的合族祠，为参与建祠的梁姓宗族子弟到广州城参加科举考试、办理诉讼、缴纳赋税等事务时提供居所，供奉孔子弟子梁鳣、春秋时梁国君主梁康伯以及赞助兴建祠堂的各房先祖神位，故亦称梁氏家庙，又名梁氏千乘侯祠。

如今在它的正门口，依然抬头可见“先贤千乘侯祠”几个大字，书院大门前两侧为马台墩，青砖墙石脚，人字封火山墙，碌灰筒瓦，绿琉璃瓦当，滴水剪边。据史料记载，梁姓九世先祖叔鱼公梁鳣是孔子弟子七十二贤之一，宋朝时被封为千乘侯，为鼓励学子读圣贤之书，梁氏族人将叔鱼公奉为梁氏先圣，梁氏祠堂也因而被称“千乘侯祠”，后因朝廷禁止合族宗祠，改名为青云书院。

青云书院曾在清乾隆三十九年（1774）进行了改建和扩建；清同治五年（1866）又进行一次重修扩建，增建了西斋（昌后堂）。扩建后的书院为广三路，三间三进，在当时是广州占地面积较大的一间宗祠书院，培养了不少英才俊彦。著名经济家、银行家、政治家梁士诒年轻时曾于此短暂求学，而这段缘分也为青云书院后来能留存下来埋下了重要伏笔。

知名广府文化学者饶原生告诉记者，青云书院西边的维新路（后更名起义路）始建于民国初期，当时的广州致力于市政建设，加快了市区马路拓宽与建设的步伐。“民国七年（1918），当时的市政公所在全市范围拆城墙、开马路，规划新建一条维新路作为中轴线直达珠江边，也就是今日的起义路，而这条路就要穿越青云书院。”饶原生说，“在面临可能要被拆除的危机下，两位梁氏历史名人站出来保护了它，这两人一个是梁启超，另一个就是梁士诒。”

两位名流联合保书院

梁启超和梁士诒同为清末民初广东地区的梁氏名流，两人少年时期曾在佛山书院游学，有过短暂的同窗之谊。梁启超作为维新变法的旗帜性人物，更早成名于当时的政坛。而梁士诒在清光绪二十年（1894）考取进士后，被分配到直隶做候补官员，几年下来都没有正职，得不到清政府的重用。“传闻就是因为他也姓梁，又是来自广东，慈禧太后对梁启超的厌恶便牵连到了梁士诒身上，使之无法得到提拔。”饶原生说，“梁士诒虽然政见与梁启超不同，但也的确有经世之才，特别是在打理财政、修建铁路方面，对当时社会经济帮助巨大。”

根据历史记载，梁士诒在1912年协助袁世凯胁迫清帝退位后，曾担任

曾任北洋政府国务总理的梁士诒，为青云书院主体未被拆迁发挥了重要作用

过袁世凯总统府秘书长、交通银行总理、财政部次长、北洋政府国务总理等职务，并以交通系首领、全国铁路协会会长身份，全力支持孙中山的全国铁路建设计划。后来他还创办了中国人的第一家证券交易所“北京证券交易所”，因此也有“活财神”之称。第一次世界大战时期，梁士诒发起华工赴欧、“以工代兵”战略，使中国摆脱了被国际社会孤立的局面，也达到了中国实际参战的目的，帮助中国以战胜国资格参加了巴黎和会，为收回青岛主权而抗争，从而为华盛顿会议青岛问题的最终解决埋下伏笔。可以说梁士诒在清末民初是一位非常活跃的重要政治人物。

这么一位政经名流，在听闻广州为了修路要拆除青云书院的事情后，便联合梁启超一起致电当时的广东军政府，要求保护书院。“梁士诒在信中就提出了‘求通不求直’的建议，他是国务重臣，他的话自然更受重视，因此建议也就被采用，青云书院被保住了，这条维新路也就特意拐弯绕过了书院，”饶原生说，“一座城市的中轴线马路为了一座书院而绕道，可能也是十分罕见的吧，所以这件事也成为书院历史上的一段佳话。”

青云书院被保下后没多久，还是不得不为市政建设让道——被拆毁割让了包括西斋昌后堂三大座在内将近一半的面积。经过岁月变迁，这座坐北朝南的广三路书院如今左右两路都已不在，仅存中路。据测量，中路建筑三间三进，面阔12.3米，总进深36.5米，中座进深三间8.4米，共十架，前设四架卷棚，中、后座前分别设两廊，廊面阔2米，进深一间，共九架。整个书院仅存中路便占地约449平方米，可以想象当年青云书院完整时的气派。

1949年以后，这里曾被用作街道工厂、五金仓库等，由于建造年久，又疏于管理，建筑一度受损严重，在将近半个世纪的光阴里几乎被忽略遗忘。饶原生依稀记得自己多年前经常路过此处，书院外鞋铺林立，杂乱无章，“那时根本不知道这里曾是一座古书院，还有让时任国务总理都亲自写信求情这么一段传奇故事”。

“南都2023年度十大好书”发布会在青云书院·拙见空间举行

恢复旧貌，展露新颜

2009年，为迎接亚运会，广州有关部门开始重新维修各种古建筑以提升城市形象，结果发现在起义路与惠福路交会处有一残存的祠堂，屋顶杂草丛生，损坏严重。有关部门一开始以为它是地理位置毗邻的千顷书院，后经过调查发现应是青云书院，于是立项修复，待将祠堂石额上的灰沙黄泥清除后，露出“先贤千乘侯祠”六个大字，也证实了这里便是青云书院。

据修缮前的考查，青云书院当时主体建筑基本结构保存尚好，特别是木雕异形梁架仍保存较好，但由于室内曾改为多种用途，因此原有布局虽在，但破坏严重，尤其是一些外墙及硬山顶的装饰性建筑构件和木质装饰花格损坏最大。为了恢复书院原有风貌，当时的政府与非营利机构合作对青云书院按照“修旧如旧”“建筑如故”的原则进行修葺。

修复主要分内、外两部分进行：建筑内部主要是对原建筑结构进行保护性加固，对建筑立面及屋顶的装饰性图案与花纹进行原样修复，对已经损坏的石雕、炭雕、木雕及大部分木质花格、门窗等进行原样修复；建筑外部则拆除书院西边加建的临街商铺建筑，改为一个300平方米左右的户外休闲活动广场，在优化环境的同时，也为参与文化艺术活动的市民提供一个休憩交流的场地。如今在书院西侧的户外广场，记者还能看到修复时建

如今的青云书院同时也作为“青云书院艺术馆”而存在

的一座牌坊，上书“毓秀”二字，与同在商业区的书院交相呼应，寓意打造毓秀钟灵之境。

修复如初的青云书院大堂悬“忠孝堂”匾额，二堂中间有高屏一座，缮写圣谕。二堂与三堂俱有楼阁和左右厢房，供各地梁氏子弟到省城应试时寄寓。二堂侧有治事小厅，为递年值事公馆；馆后为大厨房。三堂后南向八柱大堂，为先贤正寝室，悬“道开南服”匾。寝室东面为始封夏阳祖祠，题额“先河堂”。寝室前立牌坊一座，寝室东角是青云书院的房舍。

值得一提的是，在修复青云书院的过程中，不仅挖掘出了“先贤千乘侯祠”石匾，还挖掘出有关书院记录的珍贵历史文物石刻二块，这些文物至今都保存在青云书院内，供游人免费参观。2010年8月，青云书院被越秀区政府列为越秀区文物保护单位，2021年4月12日，广州市文化广电旅游局也将青云书院列入第九批广州市文物保护单位。

潮人聚集的“网红”打卡点

拥有300多年历史的青云书院重新走入公众视野后，最初也引起过羊城百姓们的好奇，官方将其作为“青云艺术馆”，陈列过一些富有岭南特色的文物，以及做一些文化产品展示，免费开放供游客观光。但相比起广州其他著名古迹景点，青云书院终究体量不大，即便放在北京路商圈的书院群来看，也是偏安一隅。所以过了修复初期的那段曝光期后，很多时候青云书院都是静静地伫立在热闹街角，谈不上多么瞩目，更远远达不到游客如织的地步。久而久之，书院也不再开放，连不少住在附近的居民都只是知道那里似乎有一座古老的院子，路过居多，没有机会进去驻足。

然而就在近几年，青云书院突然以另一种姿态“出圈”，成了网红潮人们的打卡点，记者在一些社交媒体上见到不少年轻人前往打卡，他们有的是去探访古迹，有的则是坐在院里叹一杯咖啡，而这是书院目前的主理人、“拙见”文化出品人田延友所喜闻乐见的场景，也是他的团队这两年努力将青云书院“活化”的方向。

“4年前我们见到这个书院时，它已经关闭一段时间了，地上都长了草，就像一座荒废的小院子。”田延友回忆道，“但书院的整体结构都还在，我们就想在它原有的基础上，如何能把一座古书院的传统特点与现代年轻人流行的元素融合起来，给它注入新活力。”带着这样的想法，“拙见”团队开始重新改造青云书院，除了将硬件设施修建完善外，最重要的是在修缮过程里不断地给书院带来新的文化元素，大到一面用千年沉木装饰的墙壁，小到一盆老广州人熟悉的素馨花，力求让书院的每个角落都富有文化气息，让人在这里感受到历史与现代交融的氛围。

如今书院正门口摆放的两只狮虎麒麟兽石雕便是来自陕西贾平凹艺术馆的馈赠，“当时也是贾平凹艺术馆馆长木南老师来我们这参观，觉得我们缺两只镇宅神兽，于是特意送给我们的。”田延友介绍道，当时他们也是费了一番功夫才将这两只神兽运到书院门口，“算是我们的镇宅之宝了吧。”步入正门，迎面可见一个种满花草的天井院子，散落着几张桌椅，“这里被我们用作咖啡厅了，游客们可以坐下来喝喝茶和咖啡，静静地感受一下古书院的氛围”。有意思的是，咖啡的出品和名字一看也都是经过精心设计的，例如手冲咖啡叫作“一壶清欢”，美式咖啡则是“一生所爱”，而陈皮美式、姜撞奶拿铁这样的产品则显然是在尝试将广府传统甜品与西式咖啡进行融合。在社交媒体上，这里最受欢迎的饮品莫过于名叫“青云1699”的盖碗拿铁，“古今贯通、中西交融，特别值得称赞和发扬。”有网友留言评价道。

青云书院内装修陈设颇有雅趣的咖啡店

经过项目活化后的青云书院，古典与现代气息交织，经常举办各种文化活动，高朋满座

书院侧厅墙上镶嵌着青云书院挖掘出的文物石刻，里间还有一个可以举办文化活动的小礼堂。著名粤剧表演艺术家曾小敏、著名画家林蓝等都曾来到青云书院出席文化活动，为书院的百年历史又增添了很多新的故事。

古建“重生”需要打开思路

“广州有三条中轴线，其中传统的中轴线有两条，一条最久远、有两千年历史的中轴线是从越秀山镇海楼到北京路，再到天字码头；另一条则是越秀山的中山纪念碑到中山纪念堂到市政府，再到海珠桥。但从地图上我们可以看到，这第二条不是直的，是曲折的，那曲折的点就是青云书院。”饶原生告诉记者，“既然当年开发的时候，为了保护青云书院民国政府都特意绕开了，这说明我们广州还是很推崇读书的，所以到了现代更应该尊重保护我们的书院文化了。但这也会带来一些问题，比如这些古建也好、非遗也好，它的生存空间在哪里，要怎样才能真正在现代立足。”

事实上尽管各地政府对于古建的保护越来越重视。但过度依赖政府并不是长远之计，缺乏自身生产力会使得古建逐渐失去活力，比如青云书院在修复之初也得到了政府支持，以艺术馆的形式存在过一段时间。可一旦失去了政府资金支持，书院便很难维系日常运营。如何在跟进现代潮流的背景下去求新求变，也是一些古建运营者需要思索的课题。

“我们也见到过很多古建，明明知道它是有悠久历史的，也有过运营者试图去‘活化’它，但却又因为它是古建，反倒给自己的思路套上了枷锁，不敢去改变、不敢去出新，这其实并不利于古建的‘重生’。”田延友也跟记者说，“我觉得越是古老的东西，越需要和现代潮流去接触，特别是和年轻一代接触，才更容易长久地保持活力。”记者也注意到，青云书院里的几乎所有“古物”都是开放式摆设的，无论是正门口的镇宅神兽，还是墙壁上的石刻，都没有像一些古建里的文物那样被用玻璃或其他屏蔽物跟公众隔离

青云书院幽静的一侧

开，而是可以让参观者近距离观看甚至触摸。

记者走访过程中，也碰到了不少来“打卡”的小哥哥小姐姐，不少女生都对书院里的一些老物件很感兴趣，拍视频的女孩络绎不绝，而有些人哪怕什么都不消费，走走逛逛拍个照合个影，工作人员也都很随意，不会有太多干涉打扰。“既然想要更多的年轻人知道这里、喜欢来这里，那当然应该欢迎他们来这里打个卡、发个圈。”田延友说。饶原生也指出，在“活化”方面，青云书院是目前他觉得几座类似的古书院里做得比较好的。“我们有些古书院，政府也投入了资金去修复，但修复好后放在那里也没有自我造血的能力，最后反而无人知晓，其实也是一种令人惋惜的浪费。”他说，“而像青云书院这样，通过一些迎合潮流的改造，来成为‘网红’打卡点，同时也让更多人知道它的历史、它的故事，这样一举两得的做法是值得其他古建去参考的。”

◆ 明嘉靖十五年（1536）

时任南京吏部尚书的湛若水告假回乡，始建莲花书院

◆ 明嘉靖十八年（1539）前后

莲花书院建设完工。次年，湛若水开始在这里授课讲学

◆ 公元2016年

莲花书院遗址在广州市增城区南香山东南麓的半山腰被发掘出来

◆ 公元2018年

莲花书院遗址被评为“南粤古驿道重大发现”之一

◆ 公元2020年

莲花书院建设项目正式启动。建设内容包括书院主体功能建筑和配套基础设施，主体功能建筑主要是讲堂、正堂、甘泉广场、书院园林、遗址室外展示等，总建筑面积约2000平方米，广场及庭院面积约2500平方米

莲花书院

甘泉故里续文脉　从此南樵天下闻

走读导赏

书院Vlog

莲花书院遗址是湛若水在全国范围内创办的40余所书院中目前唯一经过考古发掘且保存完整的一所。2018年12月，莲花书院遗址被评为“南粤古驿道重大发现”之一

2016年，广州考古工作者根据文献记载，在增城区南香山东南麓的半山腰发掘出明代大儒湛若水在家乡所建的莲花书院遗址。书院遗址选址考究，其形制和布局与湛若水《娥眉莲花洞开创书馆记》的记载可相互印证，是湛若水在全国范围内创办的40余所书院中目前唯一经过考古发掘且保存完整的一所，为中国古代书院特别是明代书院的研究提供了重要的考古资料，具有重大的历史研究和社会、文化价值，成为宝贵的考古遗产。2018年12月，莲花书院遗址被评为“南粤古驿道重大发现”之一。

明末清初“岭南三大家”之一的屈大均在其著作《广东新语》中提到：“广州有三樵，曰东樵，曰西樵，曰南樵。”东樵乃增城与博罗交界的罗浮

山，西樵是南海大科山，南樵就是增城的南香山，又名娥眉山、南乡岭。

一生以创办书院教书育人为己任的明代思想家、教育家湛若水在“三樵”上都建有书院，东樵建甘泉精舍、天华精舍，西樵建云谷书院和大科书院，南樵建莲洞书院，也就是现在的莲花书院。

依山望水，千年名山上的读书圣地

湛若水（1466—1560），明代著名思想家、教育家、政治家。初名露，字民泽，后因避祖讳，改名雨，40岁时定名若水，字元明，号甘泉，谥号文简。他历任官属二品的南京礼部、吏部、兵部三部尚书。湛若水是明代心学奠基者陈白沙的衣钵传人，他创立的学派被称为岭南心学，以区别于以王阳明为代表的阳明心学。

《明史》记载：“时天下言学者，不归王守仁，则归湛若水。”湛若水最让人称道的是，其平生足迹所至，必建书院聚徒讲学。

与名满天下的东樵和西樵相比，南樵多少显得有点不起眼，湛若水为什么还会选择在这里建书院呢？增城文史研究专家巫国明透露，其实南樵早在1900多年前就有书香萦绕，最早的白花书院建

莲花书院遗址近景

于东汉永平年间，后来白花书院为白花寺所取代，因此民间有“未有增城，先有白花”之说。“南樵山自古高峻，山光秀丽，曾有诗人留下名句：‘浮曲娥眉横海上，南樵风致胜东樵。’湛若水选择在南樵建书院并非一时兴起，当为深思熟虑之举。”

这一说法得到了当地另一位文史研究专家湛汝松的认同。湛汝松长期致力于湛若水文化的研究和传播。2009年11月23日，他与友人在南香山密林的碎砖堆找到莲洞书院一截断壁残垣，接着又在附近找到“海阔天空”刻石，于是连夜写成《触摸莲洞书院》一文，向外界披露南樵莲洞书院重见天日的重要消息。此后，他爬梳剔抉文献，极力还原湛若水创建莲花书院的经过，相关文章收入了《湛若水史迹寻踪》一书。他对记者表示，湛若水一生不忘讲学，创办书院，招收门徒，他建的书院近40座，其中广东地区有22座，光自己的家乡增城境内就有4座：甘泉书院、读岗书院、莲洞书院、明诚书院。

明嘉靖十五年（1536），时任南京吏部尚书的湛若水告假回到增城，筹备兴建娥眉山莲洞书院、沙贝甘泉书馆、罗浮山甘泉精舍及扩建西樵山大科书院，以备退休后轮流讲学。当他看到娥眉山林幽泉碧时，认为是个读书的胜地。为了选址和建筑莲洞书院，他多次上山。当时留下来的《诸友同游峨眉山莲花洞有作》一诗为这一善举做了注脚：

凌晨巾我车，天宇极清廓；
闲从同心人，莲洞视兴作。
兴作夫何为，讲堂开正学；
正学谁同心，令君与县博。
共结逍遥游，散此无穷乐；
天路入虚无，地势干碧落。
三心浣飞泉，千仞书石壁。
遥望飞云峰，忆我朱明宅。
浩气穷八弦，聊丝奇鸿迹。

记者查阅有关考古材料得知，莲花书院建在南香山的莲花洞之上，左右山峰拥抱。书院依山势而建，南北宽30.5米，东西长59.0米，总面积约1700

平方米。书院为中轴对称结构，坐西北向东南。建筑基址分布于两条小溪交汇岬角内人工堆填的五级平台上，五级平台从东南向西北逐级升高，各平台间通过中轴线上的台阶连接。第一级平台为书院的门楼；第二、三平台可能为书院的诸生馆；第四平台为书院的讲堂，两侧为翼廊；第五平台为书院的正堂及左右偏堂，两侧为从第四平台延伸而上的翼廊。巫国明指出，莲花书院的选址其实很考究。从遗址的正面可以远眺到东江水，东江水的两侧有一个俗称“左青龙右白虎”的靠山设计，背后就是南香山的制高点，形成了一个比较独特的读书环境。

巫国明还告诉记者，2020年3月，宁西街正式启动莲花书院建设项目。建设内容包括书院主体功能建筑和配套基础设施，主体功能建筑主要是讲堂、正堂、甘泉广场、书院园林、遗址室外展示等，总建筑面积约2000平方米，广场及庭院面积约2500平方米，配套室外给排水系统、室外供配电系统、室外景观照明等。“莲花书院建设工程方案设计，主要遵循‘文物最少干预’的原则。其中，供游客参观的栈道是悬挑式结构设计，游客在里面参观的时候不会跟遗址发生太大的接触，可带来独特的考古场所参观体验。”

不计得失，为书院倾尽“一二十年俸入”

据文献记载，莲花书院从选址到建成，花了差不多3年时间。据湛若水

莲花书院明代基石。书院遗址建设工程方案设计遵循“文物最少干预”的原则

莲花书院遗址供游客参观的栈道是悬挑式结构设计

自述，为修建莲花书院，他不计得失，为此倾尽“一二十年俸入”也在所不惜。

湛汝松也对记者表示，湛若水解囊办书院，并为书院设立“赡田”“义田”，以“馆谷”资助贫困学生，周济四方学子，为此几乎花费了近20年的积蓄。其中开垦莲洞书院赡田的人工，就花费了白银1500两。莲洞书院所置赡田的规模，排在湛若水所置书院赡田之首。在扶贫助学的意义上，莲洞书院在中国教育史上有着举足轻重的地位。

由于莲花书院没有留下太多的文字资料，书院内具体的设施不明。但据《明史》记载，湛若水对先师陈白沙极为敬重，除了为其守孝三年之外，“若水生平所至，必建书院以祀白沙”。依此推断，莲花书院内应该建有白沙祠。

此外，根据文献记载，嘉靖二十二年（1543），门人周学心还请塑工为甘泉先生塑造了一尊9尺6寸高的肖像，置于书院的大观堂上，可知书院内还有大观堂。

“九个门生十个中”，年纪最大学生 103 岁

湛汝松还介绍，莲洞书院建成后，湛若水经常在书院讲学，培育弟子，

莲花洞周围书香氤氲。有一年，莲洞书院9名学子参加县试，一名杂役随从。放榜之日，人们发现，莲洞书院竟有10人榜上有名。为何9名门生应试会有10人榜上有名呢？原来考试那天，那名平时经常在门外听课的杂役抱着试一下的心态，也跟着考生们进场应考，想不到一起中了秀才。这段民间传说不一定全是事实，但“九个门生十个中”的故事却寄寓着几百年来老百姓对莲洞书院的赞誉和向往。据说每年高考前都会有当地学生前来莲洞书院参拜那块“海阔天空”大石。

湛汝松还透露，湛若水讲学数十年，学生近4000人，据《湛甘泉门生弟子考录》一书记载，有名有姓的弟子就有649位，明末清初的大学者黄宗羲，在师承上就属湛甘泉的四传弟子，即甘泉传唐枢，唐枢传许孚远，许孚远传刘宗周，刘宗周传黄宗羲。让人赞叹的是，湛子门下不乏耄耋老人。据《广东新语》记载：“甘泉讲学天关，有简翁者，年百有三岁。就而问学，将执弟子之礼，甘泉弗受也。延翁忠爱堂上南向坐，己东向坐以宾之。……时甘泉年八十有五，观者谓其以三达之尊，而谦让不遑，致礼布衣一老，诚为有道者之风云。”

话说湛若水致仕后，在广州城区今湛家大街建了一座湛家园林，作为游憩之所，又在府第边兴建了一座名为“天关精舍”的书院。一天，有一位103岁姓简的老翁前来求学，执弟子礼。湛若水连忙扶起他，请他坐主人位，自己坐宾客位。这时湛若水已85岁高龄，又是高官大儒，却对一个老布

“海阔天空”摩崖石刻

衣礼让有加，此事一时传为佳话。

另外，还有三位年过八十的老翁，也曾在湛若水门下学习。一个叫黎养真，82岁；一个叫黄慎斋，81岁；一个叫吴藤川，80岁。三人同游甘泉门下，湛若水称他们为“三皓”，还特为他们写了一首诗：“养真慎斋与藤川，三皓同时及我门。八十头颅事事真，老来赤子心还存。”

“湛子洞”犹存，践行“随处体现天理”

在莲花书院遗址下山小路上，有两块巨石相傍而立，两石之间，上只有“一线天”之缝，下却有丈许宽的“石室”空间，其中一块大石上写着“湛子洞”三个大字。当地村民告诉记者，这是湛若水建书院期间的暂居之所。也有专家认为这是湛若水带学生论学吟诗的地方。此说并非毫无出处，湛若水主张“随处体现天理”，意思是无处不可以认知天理，在书院之外的大自然讲学，正好践行了他的思想主张。

“湛子洞”摩崖石刻一直被视为南香山文化的象征

据介绍，“湛子洞”摩崖石刻是增城最大的摩崖石刻，高约10米，直径约6米，花岗岩石壁上“湛子洞”三个大字，字径约1米，笔法苍劲古朴，气度流畅，字迹仍十分清晰，一直被视为南香山文化的象征，该石刻于1984年3月被公布为增城县（今广州市增城区）文物保护单位。湛汝松告诉记者，“湛子洞”三个大字是湛若水以茅龙笔书写的。如今书院只遗下残墙碎石，但“湛子洞”石刻仍矗立于山道旁边。

● **明正德十一年（1516）**

大学士方献夫在石泉洞（今东天湖畔花场）创建石泉书院（初为精舍），次年建成；尚书湛若水买云谷田，并初创云谷精舍、白沙祠

● **明正德十四年（1519）**

大科书院建成，有凝道堂、进修斋、敬义斋、寅宾馆等建筑

● **明嘉靖二年（1523）**

尚书霍韬建四峰精舍，后更名为四峰书院

● **明嘉靖十三年（1534）**

方献夫乞休归樵后建御书楼以贮明世宗御赐书，石泉书院正式得名

● **明嘉靖二十五年（1546）**

湛若水再度经营云谷精舍，是年云谷格局已定，并改称云谷书院

● **清乾隆五十四年（1789）**

南海西樵名士岑怀瑾在白云洞内的应潮湖、鉴湖、会龙湖之间创建了三湖书院

西樵山书院群

理学名山藏大道 更逢戊戌启新天

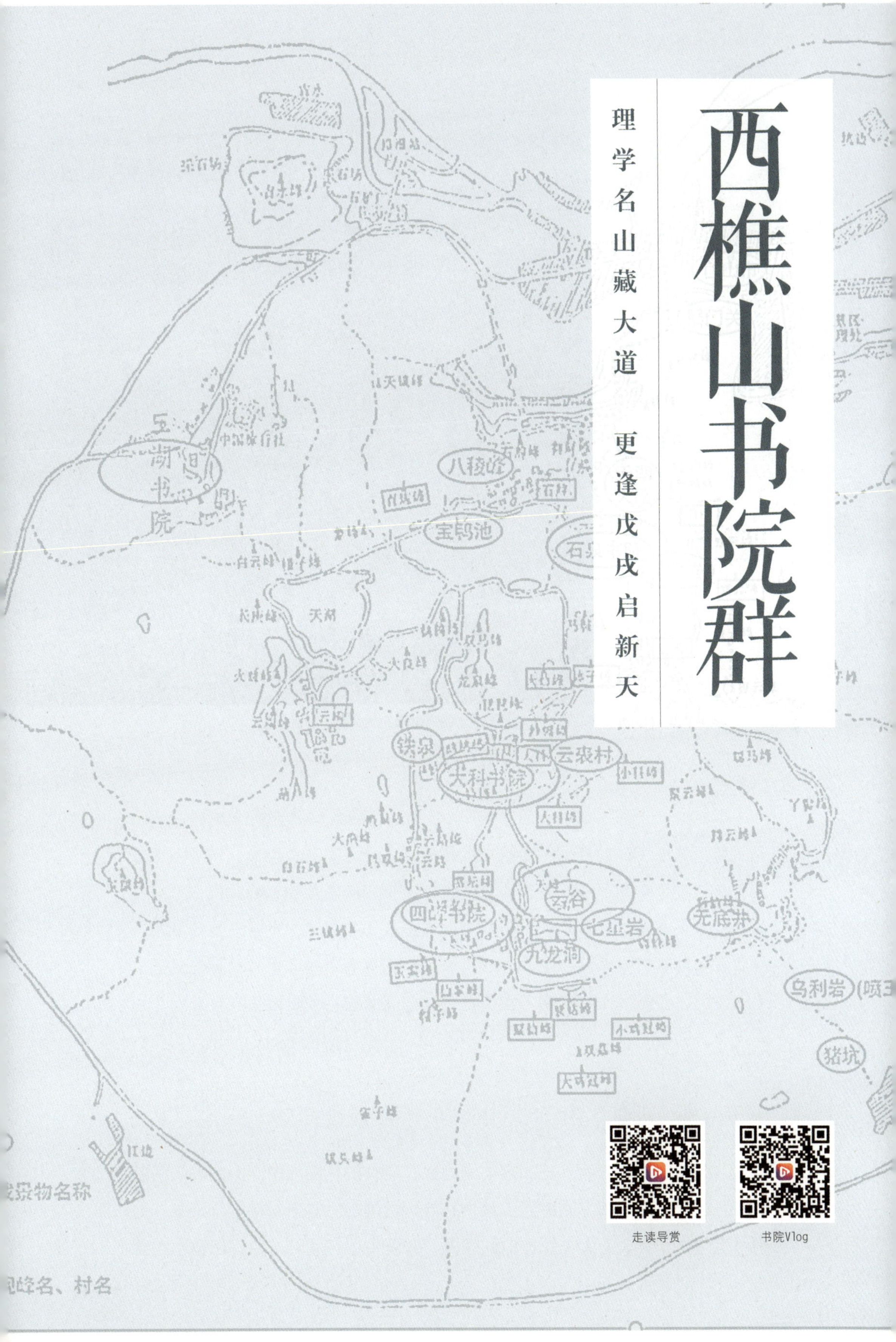

走读导赏

书院Vlog

西樵山风景秀美，位于今佛山市南海区西樵镇，明清之际先后兴建了多座书院

西樵山，海拔346米，位于今佛山市南海区西樵镇，北距省城广州40公里。明正德年间，湛若水、方献夫、霍韬三位岭南著名士大夫，相继入栖耸立于珠江口西岸、西江与顺德水道环绕、七十二峰各具特色的西樵山，并陆续创建四大书院。其中湛若水创建大科书院和云谷书院，方献夫创建石泉书院，霍韬创建四峰书院，这使得西樵山一跃成为明代理学重镇，影响深远。进入清代，西樵名士岑怀瑾又在山上创建三湖书院，书院因康有为曾在此求学而声名大噪。

天下西樵，理学名山

“千秋云谷还归我，三二求羊作近邻。莫种桃花临水岸，引人来问武陵津。”这是明代岭南大儒湛若水第一次寻访西樵山后留下的诗句。诗中，他把西樵山比作文人士大夫向往的武陵源，并萌生了在此隐居和设坛教学的念

头。其时，西樵山已成为广州地区仅次于罗浮山的游览胜地，但与有着上千年道教历史传统的东樵相比，西樵山在文化上的地位还是不能与之比肩。

转变的契机发生在明正德至嘉靖年间，与湛若水有着同样念头的士大夫方献夫和霍韬也相继与西樵山结缘。三人陆续在西樵山上创建了四所书院，其中湛若水创建大科书院和云谷书院，方献夫创建石泉书院，霍韬创建四峰书院，四大书院因方、湛、霍诸公的倡学而大盛。这段时期广东名士辈出，此后数十年间，四大书院更成为广东士大夫重要的讲学之地。清人刘子秀在其著作《西樵游览记》中指出：“当湛子讲席，五方问业云集山中，大科之名几与岳麓、白鹿鼎峙，故西樵遂称道学之山。”可见，西樵山“理学名山”的地位，就是奠定于此时。

中山大学历史系副教授任建敏在接受记者采访时表示，大科书院之所以能够获得巨大影响力，成为明代中期兴修书院潮流的一个重要典范，能够在明代书院史上留下浓重的一笔，很大原因是湛若

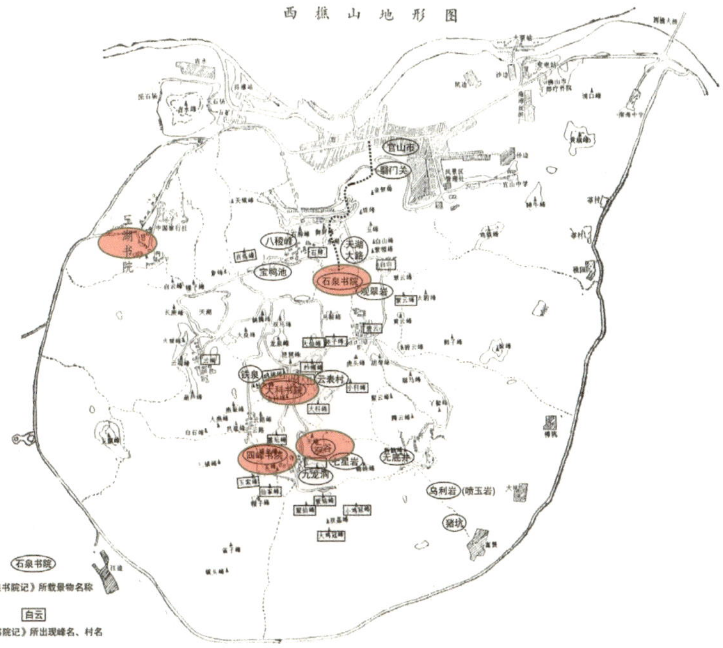

西樵山地势及书院群示意图

水给大科书院所做的一系列安排和训规，其中包括在大科书院期间所著述的一系列有影响力的作品。有两种文献反映了湛若水及其弟子在大科书院时期的情况：其一是湛若水为大科诸生所定的《西樵大科书堂训规》，其二是记录了湛若水与弟子在西樵期间论学的《樵语》。至于湛若水在这期间的学术创作情况，则散见于湛若水的文集与友人书信中。而《西樵大科书堂训规》更成为明中叶以后大量新兴书院制定规条的重要参考。

不过，任建敏副教授同时也指出，作为“理学名山”，西樵山上的理学流派十分多元，并不定于一尊。“从思想史的角度来看，西樵山其实并不存在一个统一的理学学派，湛若水创立的甘泉学派，与浙江余姚人王守仁创立的阳明学派并立，成为明代中后期影响力最深远的两大心学学派。西樵山正是湛若水最为重要的讲学、著述场所之一。方献夫作为王守仁在岭南的弟子、湛若水的好友，却倡导与湛若水、王守仁有别的‘知本’‘知止’的理学主张。湛若水的另一位好友霍韬则服膺程朱理学，强调朱子一派‘居处恭’的主张。他们虽然主张不一，但并不妨碍互相之间的学习和交往。”

禁毁浩劫，陆续凋零

任建敏副教授认为，西樵山四大书院不但奠定了广东在中国思想文化界的地位，同时也开创了明清数百年间广东书院倡导的敢为天下先、兼容并包、家国情怀的思想传统。随着书院的名气越来越大，跟随而来的四方儒士越来越多，在一定程度上，书院的讲学之风确实影响了朝廷的开科取士及官学生的培养，引发了朝廷的打压。据介绍，万历七年（1579）张居正所发起的禁毁书院行动对甘泉之学一脉的书院造成了重大打击。

盛极必衰，作为湛若水早年著述讲学重要场所的大科书院，在西樵书院中名气最大、影响最广，所以在这次禁毁书院的行动中成为重点整治对象。作为大科书院讲学最重要的场所凝道堂是在万历九年（1581）被彻底拆毁的，至于湛若水的居所烟霞隐居，包括栖霞楼、大龟池、茹芝堂、正谊堂、怀沙亭，到了清初，遗址还依稀可见。广东巡按御史毛凤给湛若水在烟霞洞口竖立的“太史第”牌坊，一直屹立到清顺治十七年（1660）才被毁。“其实大科书院被禁毁后，湛若水在西樵的弟子仍然继续活动，代表人物是湛若水生前指定的重要继承人庞嵩，可惜天不假年，庞嵩于两年后溘然长逝，使得西樵的甘泉弟子失去了头领。至此，盛行正德、嘉靖之世的西樵山书院讲学之风，因为书院焚毁及人物凋零而难以为继。”

如今的大科书院所在的烟霞洞已经变成了一片桃花园，先贤的讲学痕迹难以追寻。记者在附近找到一口当年学子修筑的烟霞古井。其铭牌上写道：“井水清冽，汲之不竭。饮此井水，神志大开，才思敏捷。”

至于云谷书院，因创设之初是为了祭祀湛若水的老师陈献章，所以没有遭受和大科书院一样被彻底禁毁的命运，但只能作为奉祀用的白沙祠，失去了书院讲学的功能。到了清初，连白沙祠也被废弃，云谷书院的主要建筑如察伦堂、存息堂、小歇亭、见泉楼等都已不存，只剩下二十亩祭祀陈白沙的祭田。新中国成立之后，因为水利灌溉的需要，云谷一带修筑水库蓄水，形成了现在的南湖。湖边立了一个石刻铭牌，上有寥寥几句关于云谷书院的介绍，说明此处曾经存在过一座名满天下的书院。

方献夫的石泉书院相对幸运些，这跟他在世期间备受嘉靖皇帝青睐有关。他以石泉书院为中心所占据的西樵山大科峰以北的大片地域得到了皇帝与广东地方官员的庇护，嘉靖皇帝所赐的御书更是让书院躲过了浩劫。据《明世宗实录》记载，嘉靖七年（1528），皇帝赐予方献夫《五经大全》《四书大全》《性理大全》各一部，这几部书是明代科举考试的官方参考书，所以赐书有着重要的象征意义。方献夫为此特意在石泉书院修建御书楼来贮藏这些书。

当代仿建的石泉书院山门，供后人凭吊

不过，石泉书院在方献夫去世后不久也逐渐衰落了。到了清代，石泉书院一带的建筑都毁掉了，土地也被变卖，附近成为周边人首选的安坟“宝地”。2017年，西樵山风景区为纪念西樵理学名山500周年，在石泉书院的原址复建了石泉书院的山门，规模很小，不过供寻访之客寄托情怀罢了。

没有御书“傍身”的四峰书院又是如何逃脱厄运的呢？据清代刘子秀《西樵游览记》记载：“（西庄霍公祠）在四峰书院，万历初，当国者禁讲舍，改称祠。”原来霍氏后人急中生智，把书院改名为供奉霍韬父亲霍华的西庄霍公祠。待风头过了之后，霍韬的重孙霍尚守在万历年间对四峰书院进行修葺，在原四峰书院的右侧增建敦古堂、毓秀轩等新建筑，并于万历十七年（1589）重建了在聚仙台上的敬亭。一直到清初，四峰书院仍是一座重要的传授儒学的书院。据清马煜《樵迹纪略》记载，顺治九年（1652），南海九江学者曾尔璞曾经在此授徒讲学，从学者颇多。直到顺治十三年（1656），四峰书院才因寇患逐渐倾圮。

浸佛塘，一桩500年的公案

“西樵山昔日四大书院，如今只剩下四峰书院遗址。”在任建敏副教授的带领下，记者一行来到了位于今天西樵山茶花园内的四峰书院遗址。四峰书院主殿崇礼堂，位于四峰书院遗址东北部，始建于明嘉靖二年（1523），后经数次修葺，现存部分土墙。其中北墙、东墙、西墙较为完整，南墙已

四峰书院遗址，从残存的墙砖看出其历史可追溯至明代

毁。霍韬夫人区氏墓，则位于崇礼堂之北，始建于明正德十二年（1517），后经数次修葺，保存状况一般，中有嘉靖四十五年（1566）霍与瑕所立墓碑。古墓外观完好，但有多处裂缝。北面墓墙大体保存完整，东面、西面墓墙略有残损。

“宝峰胜处”石刻位于四峰书院遗址东部，乃湛若水的学生、霍韬的儿女亲家甘学所写，刻于明嘉靖年间，保存状况较好。天池遗址位于四峰书院遗址西南部，又名“浸佛塘”。“这就是西樵当地传说霍韬占寺葬母、抛弃佛像的池塘。这是一桩公案，稍微考证一下就可以知道传说不实。当然我们也不可能在池底找到佛像，但能在这里欣赏满池荷花。”任建敏介绍，四峰书院原址确实是西樵山名刹宝峰寺，但寺并不为霍韬所占，而是因当时寺内僧徒有奸淫之事而被毁。出仕后的霍韬花钱买下这块地，在原址建起了书院。在20世纪很长一段时间的旅游开发之中，四峰书院遗址都被称为“宝峰寺遗址”，直到2011年，从宝峰寺到四峰书院的历史演变脉络被研究者梳理清晰，景区才得以正名，从“宝峰寺遗址”改为“四峰书院遗址”。“如今，四峰书院成为西樵山现存唯一的明代书院遗址，也是广东地区极少数存留至今的明代书院遗址。历经500多年的岁月沧桑，剩下的少量残垣断壁，仍然可以与清刘子秀《西樵游览记》的图说进行比较，遥想当年的盛况。难能可贵的是，地方政府对这全省唯一的原貌保存的明代书院遗址的保护非常上心，不仅没有破坏其既有的遗址布局，还给予更大力度的保护。”任建敏

四峰书院遗址内刻有“宝峰胜处”字样的大型石砖

位于四峰书院遗址西南部的“浸佛塘”，藏着一桩500年的公案

说，2019年该遗址入选第九批广东省文物保护单位。

湛子洞与霍子笠的“相守”

当年显赫一时的四大书院虽然随着岁月流逝而风流散尽，但西樵山至今仍流传着建院者们的传说。南麓的九龙岩至今留存着几处与湛若水、霍韬二人有关的遗迹。从“九龙岩”石刻路标处进去，未几，便可见湛子讲学岩。岩洞石壁上刻着“湛子讲学岩”五字，下款是“正德丁丑治”，即正德十二年（1517）。岩洞不深，大概可容十来人。湛子洞在湛子讲学岩不远处，位于两崖夹壁之间，陡峻如门，下有小泉缓泻，成流杯池。崖壁上“湛子洞”三字，是湛若水用茅龙笔挥写而成。

湛子洞再往下走一段路，可见一冬菇状巨石，名为“霍子笠”。据任建敏介绍，霍韬曾计划在九龙岩处兴建自己的山居，但一直没找到合适的地方。明正德年间，他下山前往吏部应选。湛若水作《西樵留行序》送行，霍韬“默而不答，脱笠而去”，从此踏上了北上之路。

在九龙岩青龙头上还有一处更为特别的遗迹，那就是湛甘泉寓墓。据今人湛汝松在《湛若水史迹寻踪》中记载，寓墓呈六角形，高约1米，砖石结构。墓中嵌着一块黑石碑，碑上刻着“明太史湛甘泉先生寓墓”。上款刻

“正德庚辰十二月十二日”，下款刻“兀厓子吏部霍韬题”。正德庚辰年即正德十五年（1520），霍韬时年34岁，而湛甘泉时年55岁。哪知命运弄人，嘉靖十九年（1540），54岁的霍韬在礼部尚书职上暴病去世，75岁的湛若水为其撰写了《太子太保礼部尚书谥文敏霍公墓表》。但是，嘉靖三十九年（1560），95岁的湛若水逝世时，却没有葬在西樵山的寓墓中，而归葬于增城的天蚕山。

湛子讲学岩

湛子洞

方献夫是土生土长的广东南海人，其号“西樵”足见其对西樵山的眷恋之情。西樵山流传至今的传统民间活动“半山扒龙船”之肇始者便是方献夫。他当年在石泉书院讲学时，曾出面组织山民劈山筑“天湖”，汇合山中白山泉、翠岩泉和双鱼泉，集水成湖，于湖旁筑石成坝，并亲自题名“龙船窦”。开龙之日，舟从云中出，鼓声动四山，引来山下万民登山观看，热闹非常。后来，山民在天湖两端建起了龙珠亭、问龙亭等多座与龙舟有关的亭台，湖的南面还有一座三层楼高的“观龙楼”。从此以后，每年端午节西樵人就在天湖举行扒龙舟活动。

又譬如久负盛名的西樵大饼。据关祥《西樵山志》记载，明朝弘治年间的一天，时任吏部尚书的方献夫赶着上朝，岂料仆人迟迟未呈上早点。他到厨房一看，只见案板上放着已发酵好的面团，便急中生智叫厨子在面团中加入鸡蛋和糖揉匀，做成一个大饼放在炉子上烤。大饼烤好后，方献夫用包袱布包好，匆匆上朝。来到朝房，方献夫拿起大饼就着清茶吃了起来，松软甘香。有官员探过头来问他吃的是什么，方献夫思乡情浓，不假思索地说：

每年端午节，西樵人就在天湖举行扒龙舟活动

“这是西樵大饼。”散朝后，方献夫命厨子如法炮制，第二天做了几十个大饼带回朝房，分给同僚享用。同僚们边吃边赞，西樵大饼自此在朝中扬名。后来方献夫告老还乡重登西樵山讲学时，把大饼的制作方法教给山民，加上西樵山有好泉水，制出的大饼更加美味可口，西樵大饼从此成为当地一道名点。2015年10月，“西樵大饼制作技艺”被列入佛山市第五批非物质文化遗产名录。

三湖书院，遗韵近代

正所谓“失之东隅，收之桑榆”。明代万历以后，位于西樵山西北部的白云洞作为“羊城八景”之一的“西樵云瀑”迅速崛起。西樵山的主要文化中心由山上转移到了山北脚下的白云洞。清乾隆五十四年（1789），南海西樵名士岑怀瑾在白云洞内的应潮湖、鉴湖、会龙湖之间创建了三湖书院，于道光二十年（1840）重修。

清光绪四年（1878）冬，21岁的康有为离开了教育他3年的岭南儒学大师朱次琦，来到三湖书院。就在同一年，从京城翰林院来的编修张鼎华到西樵山游览，遇到了康有为。但两人的第一次见面并不愉快，康有为在《我史》中记载：“相与议论，不合，则大声呵诋，拂衣而去。”然而，张鼎华颇有雅量和眼力，吵完之后到处跟人讲：“来西樵但见一土山，唯见一异人。”从此，康有为的“异人”名声传遍岭南。在与张鼎华的交往中，康有为接触到了当时的新思想。两年后，他出山了，再之后就发起了“戊戌变法”，为此，三湖书院也素有“戊戌摇篮”之称。

除了康有为、詹天佑、中国近代民族工业的先驱陈启沅，美术大师黄君璧与有“岭南第一才女”美誉的学者冼玉清等也都是从三湖书院出来的名家。清光绪二十八年（1902），光绪皇帝下令废书院、兴学堂，三湖书院始淡出历史舞台。1987年，南海县（今佛山市南海区）人民政府拨款按原貌采用水泥结构在西樵山白云洞异地重建三湖书院，门匾仍为清代名臣林则徐所书的“三湖书院”。2011年，中山大学与佛山市南海区人民政府共建的中山大学岭南文化研究院在三湖书院挂牌成立，岭南文化研究院集学术研究、教学、学术交流、服务地方为一体，旨在建成有较大影响的岭南文化研究中心、资料信息中心、学术交流中心、人才培养基地。

◆ **北宋康定元年（1040）**

包拯担任端州（即今日肇庆一带）知州，为改变端州教育落后的面貌，包公自捐俸银主持修建了星岩书院

◆ **北宋元丰年间（1078—1085）**

端州知州王洎将星岩书院改为西石头庵

◆ **南宋淳熙年间（1174—1189）**

高要人黄执矩在西石头庵东侧恢复星岩书院

◆ **清光绪三十二年（1906）**

在星岩书院旧址开设师范传习所，次年改为法政传习所

◆ **清光绪三十四年（1908）**

法政传习所改为高要阖邑公立中学堂

◆ **公元1917年**

新加坡华侨陈祝龄捐资重建魁星楼和星岩书院的众绿厅

◆ **公元1935年**

高要籍国民党将领余汉谋捐资改建魁星楼并捐赠一批古籍，星岩书院因此更名为汉谋图书馆

◆ **公元1961年**

星岩书院改名为肇庆第一中学，沿用至今

星岩书院

宝月荷香思孝肃　千年文脉耀端州

走读导赏

书院Vlog

今日之肇庆星岩书院

民间关于包拯的故事大都来自河南开封，却很少有人知道包拯与广东肇庆也有3年的历史渊源。包拯还在当地开办了著名的星岩书院。星岩书院，位于肇庆市著名景观宝月台，是西江流域最早的书院。清康熙《肇庆府志》记载：“县北百步为宝月台，平地突起望之如台。宋朝包拯建星岩书院其上，岁久圮废。”

宋康定元年（1040），包拯担任端州（即今日肇庆一带）知州。这是包拯第一次担任州一级的行政长官。在包拯到任之前，端州没有官学，政府也无力兴建一套完善的官学系统。为改变端州教育落后的面貌，包拯自捐俸银，并亲自选址，在宝月台上主持修建了星岩书院。

从1040年至今，星岩书院走过宋、元、明、清多个朝代，跨越近千年，留下了赫赫声名。据记载这是肇庆历史上第一所官办书院，也是古代肇庆最高的公立学府。星岩书院的创办对当时教育和文化相当落后的肇庆

产生了很大影响，后来的桂林书院、泽阳书院、三都书院等如雨后春笋地建立起来。星岩书院的创办促进和带动了书院教育在肇庆的兴起和发展。

包拯命名“星岩”，历经数次变迁

星岩书院所在的端州区宝月台，为肇庆八景之一的“宝月荷香”。顾名思义，每年盛夏，宝月台内一片红荷翠叶，荷香四溢。

书院旁荷花依依，一墙之隔的书院内则书声琅琅，各种文化活动在这里开展。肇庆市端州区文化馆副馆长张贺说，当时包拯看到宝月荷塘，发现跟他年轻时候读书的地方香花墩（今安徽省合肥市内）相似，“他以前读书的地方也有荷花池，最后决定把星岩书院建到了宝月台这里。”

张贺感慨道，古时的星岩书院多次遭毁废，现在星岩书院的众绿厅即汉谋图书馆也是后来修建的。新的星岩书院依托民国时期的汉谋图书馆、端州区文化馆改造而成，是一个集讲堂、书房、展厅等为一体的多功能公共阅读空间。

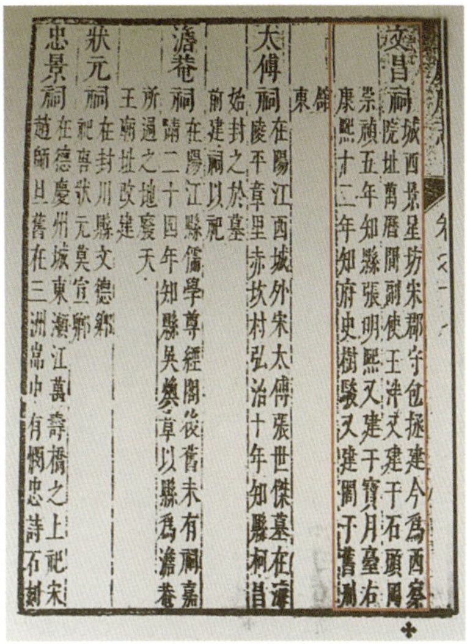
文昌祠 城西景星坊宋郡守包拯建今為西寮院址萬曆間副使王泮又建于石頭岡崇禎五年知縣張明熙又建于寶月臺右康熙十二年知府史樹駿又建閣于書

太傅祠 在陽江西城外宋太傅張世傑墓在海陵平章里赤坎村弘治十年知縣柯昌始封之於墓前建祠以祀

濂菴祠 在陽江縣儒學尊經閣後舊未有祠嘉靖二十四年知縣吳參草以縣為濂菴所過之地改建……

狀元祠 在封川縣文德鄉祀宋狀元莫宣卿

忠景祠 在德慶州城東瀧江萬壽橋之上祀宋……

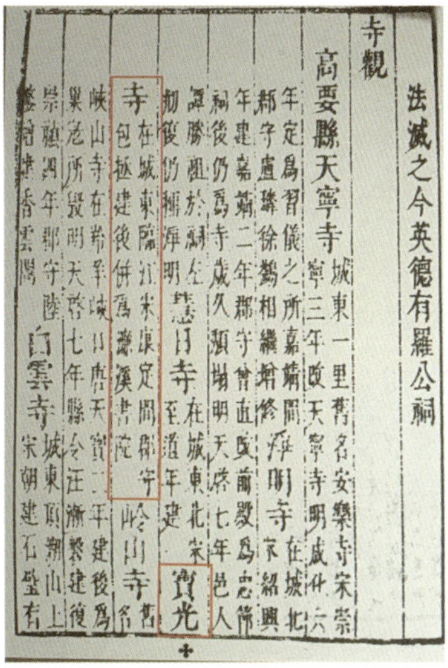
法滅之今英德有羅公祠

寺觀

高要縣天寧寺 城東一里舊名安樂寺宋崇寧三年改天寧寺明成化六年定為習儀之所嘉靖間郡守盧璣徐鵬相繼增修

淨明寺 在城北宋紹興年建……

慧日寺 在城東北宋至道年建

寶光寺 在城東臨江宋康定間郡守包拯建後併為濂溪書院

清代《高要县志》有关星岩书院的记载

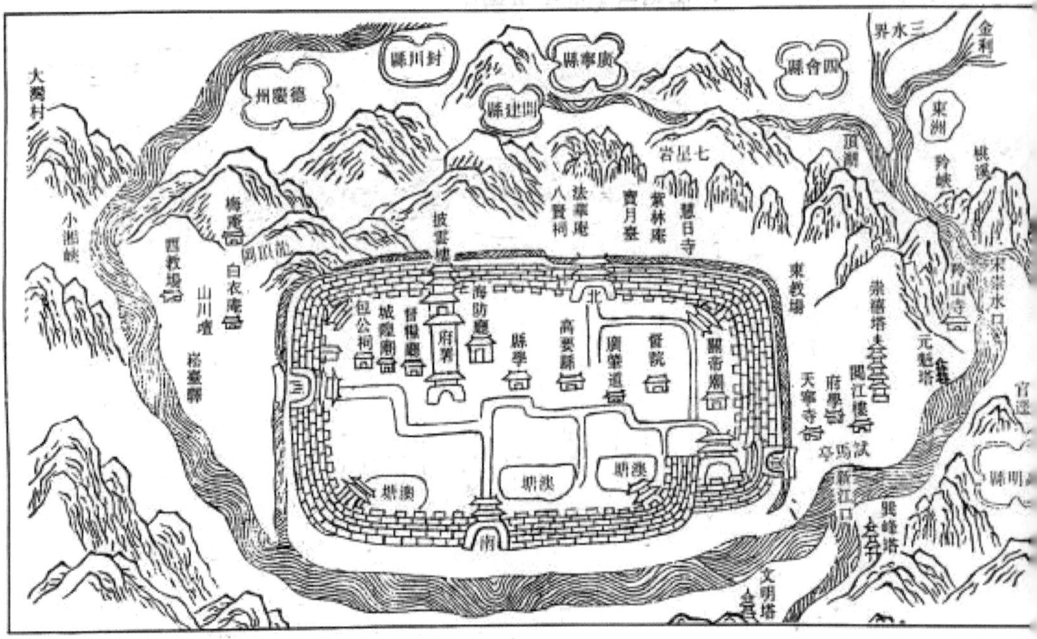

清康熙年间肇庆府城图上可见宝月台的位置

根据史料，星岩书院自创办以来，经历数次变迁。宋元丰年间，端州知州王洎就将其改为西石头庵。南宋淳熙年间，高要人黄执矩在西石头庵东侧恢复星岩书院。到了清代，星岩书院又成为岭南地区颇有影响力的书院之一。清末教育体制改革后，星岩书院开始了向新式学校迈进的历程。光绪三十二年（1906），在星岩书院旧址设师范传习所，次年改为法政传习所。光绪三十四年（1908），法政传习所改为高要阖邑公立中学堂。1912年正式改为高要县中学堂，后因年久失修坍塌。1917年，新加坡华侨陈祝龄捐资重建魁星楼和星岩书院的众绿厅。1935年，高要籍国民党将领余汉谋捐资改建魁星楼并捐赠一批古籍，星岩书院因此更名为汉谋图书馆。

到了1949年后，星岩书院一度只剩由众绿厅改建的汉谋图书馆了。汉谋图书馆作为端州民国时期保存较好的代表性建筑之一，具有较高的历史文物价值。2003年，肇庆市人民政府公布其为文物保护单位。

虽然历经多次变迁，星岩书院的文脉却一直没有断。现在肇庆第一中学的前身就是高要县中学堂，现已迁移到五经里原端江义学旧址，1961年改名为肇庆第一中学，一直沿用至今。

星岩书院改变了肇庆教育落后面貌

现在的星岩书院主体部分是汉谋图书馆，建筑面积有400平方米。该楼坐北向南，高二层，钢筋混凝土砖木结构，歇山顶，上铺绿色琉璃瓦，四周圆柱回廊。楼正面镶嵌记录建楼情况碑刻二通和石匾额“汉谋图书馆”。

走进汉谋图书馆的一楼展厅，墙上用文图展示着星岩书院的创建背景和历史沿革。展厅里还有一个缩小版的星岩书院模型，让大家可以一睹当年星岩书院的规模和风采。谈起包拯建立星岩书院的初衷，张贺说，唐末五代数十年间战乱不止，到了宋朝，战乱渐渐平息以后，民生安定了，重文兴教之风日起，士子纷纷要求读书。“来到肇庆后，包拯就兴起了办学的念头。”

星岩书院内关于汉谋图书馆的介绍展板

汉谋图书馆

张贺谈道，包拯办书院除了跟随当时兴建书院的热潮之外，还因为肇庆当时属于南蛮之地，既湿热又有瘴气，没有人愿意来，地方治理急需人才。“所以包拯创建星岩书院可以说是肇庆教育的开端，很好地推动了肇庆教育的发展。而且这座书院还是官学，此前全部是私塾教育，新兴书院的创办弥补了官学不足的情况。”

“星岩书院不仅仅缩短了岭南和中原地区的文化差距，还让儒家文化开始在端州发芽，并最终确立了儒家文化在端州的正宗地位。地处偏僻的端州因此得以融入中华主流文化圈。”张贺总结了星岩学院在此地的意义。

为了办好书院，包拯不但自己捐俸办学，还聘请了咸平元年进士、曾两度担任端州知州的梁夔任书院掌教并主讲督课。

治学观念超前，面向社会

在汉谋图书馆现在的展品中，有当年高要县中学堂的学生毕业证和试卷。张贺说：“我们费了很大的功夫去找一些老前辈，他们自愿捐出了这些原件，放在这里展览。”

据张贺介绍，此前肇庆只有零星的权贵私塾，从星岩书院开始，肇庆文风蔚起，书声不断。那么星岩书院当年是以怎样的治学理念兴旺了肇庆的文脉呢？包拯在端州做官时，写过一首《书端州郡斋壁》：

清心为治本，直道是身谋。
修干终成栋，精钢不作钩。
仓充燕雀喜，草尽狐兔愁。
往牒有遗训，无贻来者羞。

这首诗的意思是，端正思想是吏治的根本，刚直的品性是修身的原则。优质的大树干终成栋梁之材，柔韧的好钢也不愿枉道而用。……世人要接受历史留下的教训，不要做使后人蒙羞的事情。

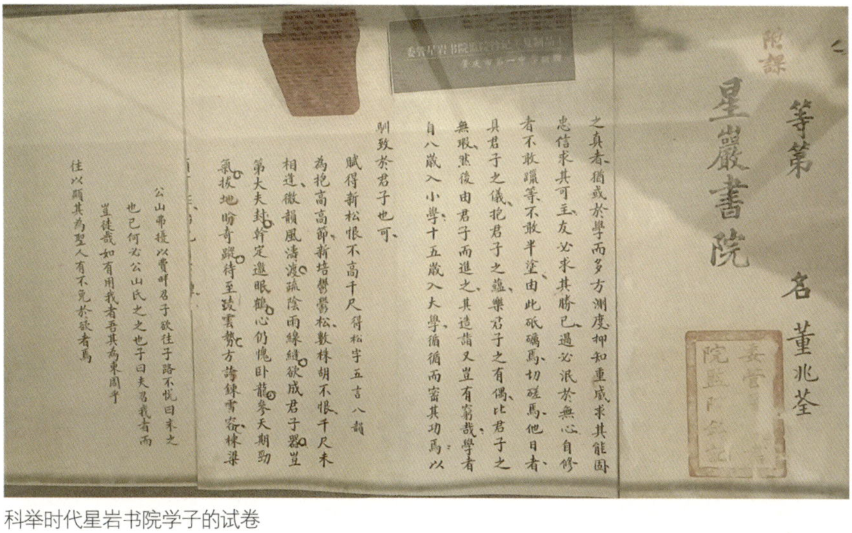

科举时代星岩书院学子的试卷

张贺解释，这首诗传递出德才兼备的人才观，面向社会的教育观以及造福人类的发展观。包拯的思想在当时来说是比较前卫的。他招收的学生都是普通的老百姓，只要想学都能来。书院培养的很多学生不但学识渊博，而且秉承了包拯的刚正品性，入仕后也敢于直陈时弊，为民请命。

清代星岩书院学子苏廷魁，为道光年间进士，后任福建道监察御史，为官耿直，敢言敢为。曾上疏道光皇帝力陈时弊，史载其“力数文华殿大学士、首席军机大臣穆彰阿的罪责，请立罢黜，并要求皇帝下‘罪己诏’，以开直谏之路”。苏廷魁还曾先后在广州越华书院、肇庆端溪书院讲学，倾其所学，诲人不倦。

掷砚成洲，包拯清廉深入人心

苏廷魁之外，星岩书院还出了很多名人。清光绪年间知府张曾敭，主持重修星岩书院后还亲自主讲课程。著名文士李光廷、张午桥、方睿师也曾主讲星岩书院。

当然，书院最知名的人物就是包拯“包大人”。在书院的墙壁上，一幅幅壁画诉说着包大人在端州的故事。张贺介绍说，包大人在端州留下很多故事，最有名的就是掷砚成洲。包拯在端州做知州的时候，端砚是只能进贡给当朝皇帝的。包拯做知州3年，任满以后回京。启程回京的路上，他坐船路过羚羊湾，忽然乌云密布，波涛汹涌。包拯感觉到事有蹊跷，问手下是不是带了不该带的东西。他的随从就在行李中掏出了一方端砚说：“这是咱们端州的百姓为了感谢您3年为大家作出的贡献，一起送给您的。”包拯说：“你糊涂啊，我包拯一生清廉，绝对不能拿百姓的任何东西。”说着包拯就把这方端砚直接扔到江里了。端砚扔出去以后，云开雾散，天立马就放晴了。

张贺补充道：“后来，在包拯扔端砚的地方浮起来一座小岛，就是我们现在的砚洲岛。如果航拍的话能看见它在江中间成一块端砚的形状。当然这只是一个传说，但这个传说也从侧面反映出了包大人的清廉品质。”

显然，包拯在端州百姓心中地位很高，已经完全被神化。据史料记载，宋时端州为偏荒之地，民生凋敝，百姓常受春瘴和水患之苦。为此，除了办

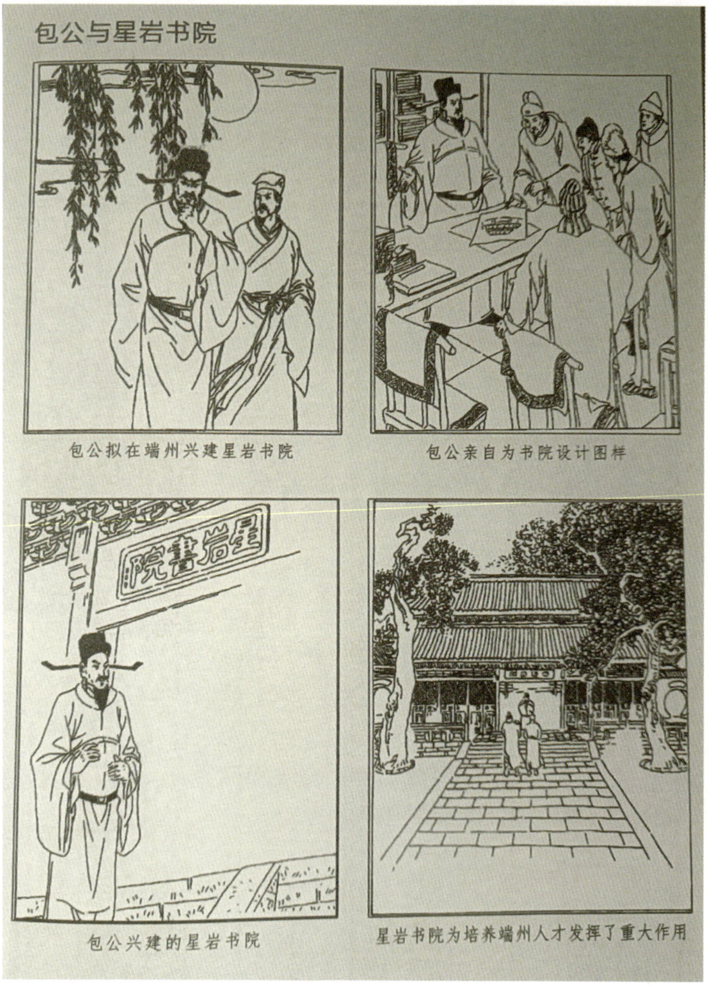

包公在肇庆留下很多故事

学，包拯一方面带领百姓凿井治瘴，以清洁水源根治瘴疠，留下一口口“包公井”；另一方面，在城郊开渠凿池、兴修水利并开垦荒地，防治水患的同时发展生产，改善了百姓的生活条件。

包拯治端虽然只有短短3年时间，但是措施得当，成效显著，且生活生产与文化建设并重，极大改善了当地百姓的生活状态和精神风貌，民心为之一聚。

今日星岩书院展厅内呈现了星岩书院的微缩旧貌

星岩书院再现当年历史风貌

在汉谋图书馆的二楼展厅，悬挂着孔子的画像，还原了当年星岩书院的上课场景。如今在书院内，陈展实物246件套，有清代书桌、画案、茶几、古籍、清白端石砚和民国白木“勤俭”清供花卉四屏风等摆设，古朴典雅，很好地再现了当年星岩书院的历史风貌。

以往的琅琅读书声还能在这里听到吗？张贺说，星岩书院重开后，开设了公益大讲堂，邀请国内名校名师及本地专家学者讲授儒家经典、传统文化、书画创作与鉴赏、古典诗词写作、民间艺术与收藏、地方历史风物、粤曲写唱等课程。

不单如此，未来的星岩书院又有了新的蓝图。记者从肇庆市委宣传部了解到，岭南书院是广东省政府确定的十件民生实事之一，肇庆市的星岩书院已经纳入首批十所岭南书院建设目录。作为新建岭南书院项目，星岩书院把汉谋图书馆与周边庭院、展示馆、文化馆功能用房进行整合提升，同时增加公共空间的科学普及和阅读功能，并将现端州区文化馆部分功能场室改造成符合书院属性的讲堂、展厅、大师工作室等。

目前岭南书院星岩书院藏书已经有7000余册，群众可以在开放日到书院享受阅读、听讲座等惠民文化服务。

千年书院，已经在新的起点迎来新的历史使命。

端州区文化馆

明万历元年（1573）

广东按察司佥事李材购买官署隔壁空宅改建为端溪书院

清康熙四十七年（1708）

在经历明末清初一度废弃后，端溪书院复建

清道光十三年（1833）

粤西唯一的状元林召棠受制军卢厚生之聘，主讲端溪书院，长达15年（一说12年）

清光绪三十一年（1905）

端溪书院改为肇庆府中学堂，成为肇庆中学的前身。其院址未变迁，即目前肇庆中学府城校区

端溪书院

文起端州雄岭外

史家巨擘立规条

走读导赏

书院Vlog

今日的肇庆中学

端溪书院全称为两广端溪书院，由广东按察司佥事李材创建于明朝万历元年（1573），旧址位于今广东肇庆中学府城校区，一度是两广地区地位最高、规模最大、影响力最大的书院，被誉为岭南四大书院之首。（端溪书院曾与广州粤秀书院、越华书院、羊城书院并称为“广东四大书院”，也是四大书院中历史最为悠久的一所。）

北宋重和元年（1118），宋徽宗升端州为府，更名肇庆，为广东四大府城。其政治地位举足轻重，而且连接两广，历来为朝廷所重视。明嘉靖四十三年（1564）六月，两广总督吴桂芳奏请将总督府从梧州迁往肇庆，“以开府梧州，惠、潮山海寇时发，相去二千里，文檄往来征调为难，乃徙于肇庆”。至此肇庆作为两广总督的驻节之地共180余年，一直延续到清乾隆年间。据《肇庆市志》记载：“明万历元年（1573），分巡岭西道副使李材创办端溪书院于兵巡道署左侧。”

历届督抚对书院的发展不遗余力，选聘的山长均为当世硕儒，使得端溪书院成为岭南的教育中心和学术重镇。1905年，端溪书院改为肇庆府中学堂，揭开了肇庆近代教育新的一页。

李材创办书院，百年韵味犹存

琅琅的读书声从崭新的教学楼里传出，学生在宽广的操场上做运动……这里就是广东肇庆中学府城校区。该中学的前身就是历史悠久的端溪书院。

虽然端溪书院的老建筑已经不复存在，但教书育人的薪火依然在代代相传。

端溪书院有着怎样的沧桑过往呢？广东肇庆中学历史高级老师杨华说，肇庆府中学堂是在端溪书院原址上建起的，20世纪上半叶的战争中，肇庆府中学堂的大部分建筑被炸毁。几十年前，肇庆中学修建办公楼和教学楼，从地下挖出了很多石板和青砖，极有可能是端溪书院遗留下来的。后来学校就把这些石板拼接起来，成为校园里的一条石板路，供后人凭吊。

在肇庆中学，记者看到这条石板路旁边，还有一棵150多岁的芒果树，但见枝繁叶茂、欣欣向荣。在这棵老芒果树下，我们遥想当年。“这棵树也见证了广东肇庆中学的历史变迁与发展。这棵树种于清同治年间，距今150多年了。到了光绪末年，端溪书院改制，书院改制后就称为肇庆府中学堂，开始了近代教育，后来又改成广东肇庆中学。”杨华谈道。

肇庆中学府城校区内的青石板路

现今肇庆中学府城校区的青石板路，可算作古时端溪书院的遗迹。明万历元年（1573），端溪书院由李材创建。“李材创建书院之后，一边讲学，一边从事本职工作。他热爱教育，一生创办过12所书院。”杨华说。

嘉靖四十一年（1562），江西丰城人李材考中进士，授刑部主事，他自认为学业未成，于是向朝廷乞假南归。李材素来向邹守益问学，邹氏乃明代大儒王阳明高足，因此李材算是王阳明再传弟子。明穆宗在位期间，李材入朝初任兵部郎中，后升迁为广东按察使佥事岭西兵备道。李材调任广东后在短短的时间内就平定了所辖地区的乱匪，使老百姓恢复了生产生活，社会治安大有好转，保障了商旅的安全。隆庆五年（1571），李材到任肇庆，在整备军务的同时，他还经常向儒生子弟讲授心性之学。后经弟子们的恳请，万历元年（1573），李材购买官署隔壁空宅改建为端溪书院，以便更好地授业传道。

对于为何取名为端溪书院，杨华说有两种说法：“历史上曾有一位理学大师叫周敦颐，李材视周敦颐为大贤。周敦颐曾创建濂溪书院，端溪书院的得名可能也有名人效应的意味。另外还有一种解释，就是烂柯山脚下有一条小溪叫端溪，里面生产端砚石，端砚的名气也提升了端溪在文人墨客心中的地位。创办书院的目的是培养人才，勉励读书人也像那为世人宝重的端砚石一样，在书院里刻苦攻读，日后成为国家栋梁之材。为此，书院得名于此的可能性最大。”

历任40位山长，九成为进士

古代书院的主讲人以及管理者，称为山长。众所周知，端溪书院山长由两广总督选聘，绝大多数都是科举、官吏出身的社会名流，有的则是全国著名的学者。如著名文学家、学者全祖望，以及何梦瑶、冯敏昌、马俊良、谢兰生、林召棠、苏廷魁、梁鼎芬、朱一新、林绍年、傅维森等全国知名的学者都曾在书院掌教。

目前，史籍可考的山长共40位，其中有进士功名者34人，也就是说九成的山长都是有进士功名的。

取得进士功名有多难呢？杨华说，能取得进士头衔的人绝对是文人中的佼佼者，因为进士考试一般是每三年才考一次，全国一期人数按清朝的统计

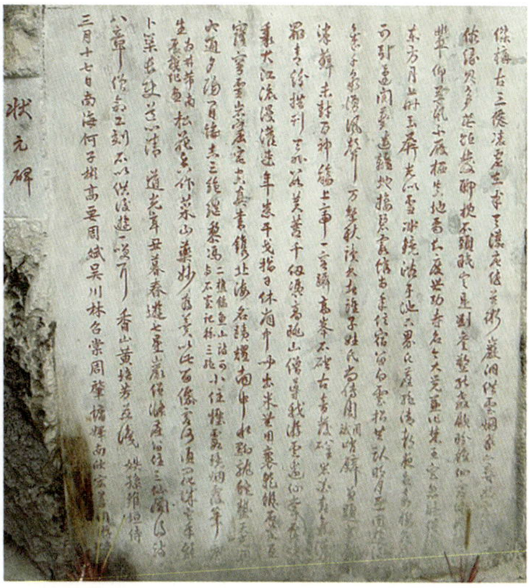

端溪书院历史上的山长之一——状元林召棠铜像

林召棠状元碑

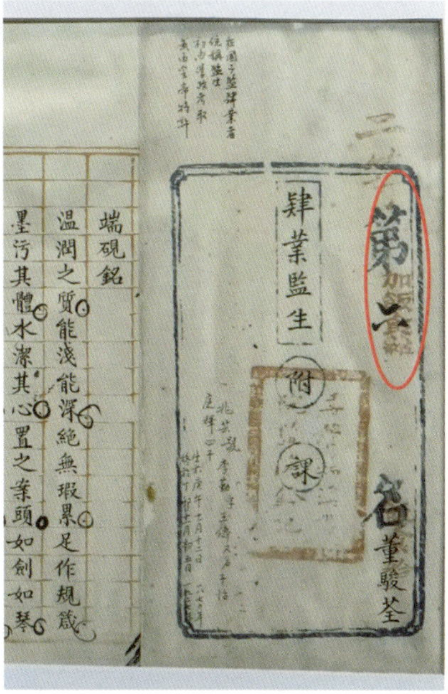

清代端溪书院生员试卷及奖励等次

只有200多人，比我们现在的高考真是难多了。

在历任山长中，以全祖望最为著名。全祖望是清代著名史学家、文学家，浙东学派重要代表，乾隆元年（1736）中进士，选翰林院庶吉士，后主讲端溪书院，任山长，对南粤学风影响很大。而功名最高者则为粤西唯一的状元林召棠（道光年间癸未科状元），他于道光十三年（1833）受制军卢厚生之聘，主讲肇庆端溪书院，长达15年（一说12年）。林召棠治学严谨，教导有方，造就了一批俊秀良才。

杨华说，考中进士之后，一般人都会选择做官这条路，但是端溪书院的诸多山长们很有教育情怀，他们没有选择做官，而是回来造福乡梓，或者一心办教育。“比如状元山长林召棠，在端溪书院当了十多年山长，时间特别长，一心培养学生，远离官场征召。山长中还有像全祖望这样全国重量级的学术大师。当年岭南地区比较偏僻，能请到著名学者过来，对岭南的教育有着重要影响。”

“岭南第一”，源自两广总督驻节肇庆

清代，长沙有岳麓书院誉满两湖，岭南肇庆有端溪书院声振两广。为什么端溪书院的山长全是能人，又可号称“岭南第一书院”呢？原来明清时肇庆长期是两广总督驻地，地位一度不亚于广州。

据《端溪书院史话》记载：雍正十一年（1733），为了适应书院普及的大势，打破宋元以来所谓“天下四大书院”的局限，雍正发布上谕，在总督、巡抚驻节之地建立省级书院。朝廷颁赐帑金，颁布优惠政策，集中地方人力、财力与学术资源等优势，建设一至两所省级重点书院，使其成为一省的文化、教育、学术中心，并引领各地书院的发展，这是清代对于书院发展所作的建设性贡献。“当时，全国创建了直隶莲池、山东泺源、山西晋阳、河南大梁、江苏紫阳、浙江敷文、安徽敬敷、江西豫章、福建鳌峰、湖北江汉、湖南岳麓、两广端溪、广东粤秀、广西秀峰、贵州贵山、云南五华、四川锦江、陕西关中、甘肃兰山等20余所省级书院。”杨华说。

杨华介绍说，从地理上来说，肇庆是沟通两广的重要枢纽。明朝后期到清朝乾隆年间，有182年的时间两广总督的驻地设在肇庆，两广规格最高的端溪书院也就建在了肇庆。为此，官方从经费、人员、资源各个方面，都高度重视两广端溪书院，肇庆因而能够聘请到全国著名学者过来任教，也造就了端溪书院的辉煌。

当时办学经费有多充裕？据《清张之洞为开采砚石以备贡品事碑》记载，本地全部砚石开采利润的五成，要“拨充端溪书院经费，加给膏奖”，正所谓“以地方之出产，为地方之公用”。正是有了官府拨款和社会捐助，端溪书院得以办学无虞，山长可全国选聘，俸禄优厚，书院优秀生员能获得多种奖励与补贴。比如当时书院每月会进行一次作文考试，对于成绩优异者，书院会根据等级来进行奖励，这些奖励包括加给饭食等。

“现在广州是省会，我们是地级市，当年可以说是有些颠倒的。”杨

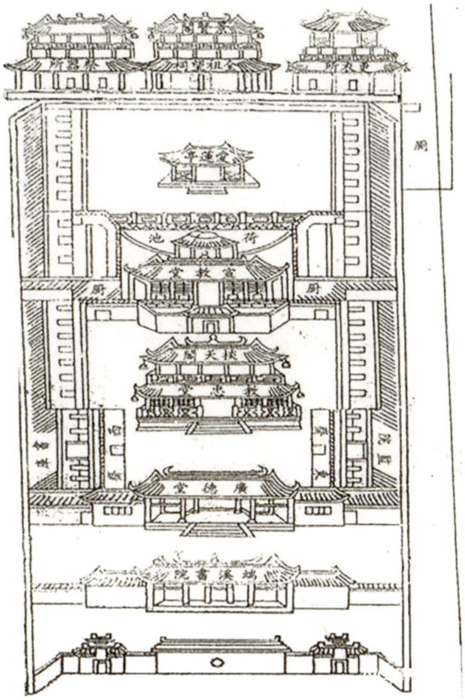

光绪年间的端溪书院全景图

华说，以前广州广雅书院的多位山长都是先在端溪书院任职，再回到广雅书院。广雅书院的首任山长梁鼎芬，就是先在端溪书院任教，再回去执掌广雅书院的。朱一新也是先到端溪书院任山长，后到广雅书院任山长。端溪书院可谓广东学者的进修之地。书院山长之间的这种流动，也促进了岭南地区的教育发展。

乾隆十一年（1746），两广总督驻地迁至广州，但端溪书院省级书院的地位和影响力仍然维持了很长一段时间。

全面施教，匡正独尊科举之风气

这么多能人，端溪书院的教学如何呢？据记载，端溪书院主要讲授儒家经典，同时也将德育贯穿始终。从李材的“止修”到全祖望的“明经行修”，再到冯敏昌的“畜德为先”“敦本力行”，林召棠的“修身践言，读书经世”，林绍年的“我将无我”，直至如今广东肇庆中学校训“格物致知，崇善尚美”，可谓返本开新，一以贯之。

说到对学生影响最大的山长，当然是被称为“史学大柱”的全祖望。

全祖望画像

全祖望（1705—1755）在其有生之年，撰《鲒埼亭集》38卷，《外编》50卷，《诗集》10卷。另有《汉书地理志稽疑》6卷，辑补《宋元学案》100卷，《全校水经注》40卷并补附4卷。全祖望到底有怎样的学术地位？梁启超曾说：“若问我对古今人文集最喜读某家，我必举《鲒埼亭集》为第一部。”而一代学者胡适因佩服全祖望，甚至将长子命名为“胡祖望”。

全祖望的教育思想也非常先进，对当时以科举为主要目标的书院教育起到了匡正的作用。据《端溪书院史话》记载：全祖望在执掌端溪书院期间颁布了《端溪讲堂条约》，此条约分为“正趋向”“励课程”“习辞章”“戒习气”等四个方面，从“正”“励”“习”“戒”四字中可以看出全祖望对当时的书院教育是不满的，想对书院教育过于重视科举的现状予以纠正。

所谓“正趋向”，就是要匡正当时普遍以科举为唯一目标的读书风气，“正”显然有矫正之意，全祖望希望诸生端正学习目标，广泛学习，经世致用。这一点在现在看来都是很有积极意义的。“励课程”就是提倡诸生要多读经史，不要沉溺于“帖括之学”，对书院学生具体应该读什么样的书，提出了明确的要求。“习辞章”就是要求诸生要多学习写作各种文体，不要汲汲于帖括。“戒习气”就是明确书院规矩，以明确的规章制度约束诸生，要求诸生“守礼教而能至成立者”。

全祖望在《端溪讲堂条约》中提及：“自今以始，愿诸生分曹定课，日有章程，其有疑义，拈签以问。每人各置一考课册，填写所业于其中，掌教五日一升堂，或墨或复讲，其必能启发神智，荟萃古今，从此更上一层。”学生先自主学习，有疑问互相询问或讨论，并做好记录；掌教五日进行一次教学。可以看出，全祖望非常重视生徒的自主学习，培养学生独立学习的能力，要求生徒不能完全依赖老师。

杨华说，这一理念，在今天的肇庆中学得到了很好的继承。肇庆中学的课时安排，自习课比较多，晚修严禁老师上课，给学生留出较多的时间，让学生根据自己的情况，利用大量的自习时间自主整理，自主学习，培养兴趣，发展特长。

值得一提的是，在端溪书院当了十多年山长的林召棠也提出了类似的“不拘一格”的用人观，矛头直指当时的科举制度。

未来将恢复端溪书院原貌

今日的广东肇庆中学依然延续着当年端溪学院的名气和文脉，是广东省16所重点中学之一，广东省首批国家级示范性普通高中。学校校址分为初中部和高中部，初中部地址就是端溪书院所在地。

400多年薪火相传的道路将如何继续走下去？广东肇庆中学副校长邓少锋表示，未来计划在原址恢复端溪书院原貌。“届时肇庆中学初中部将迁往新校区，在原址动工重建端溪书院。端溪书院复建后，依然保留在这里上课学习的功能，会继续成为肇庆中学初中部的校区之一。”

广东肇庆中学成立了端溪书院历史文化研究中心，邀请高校专家教授指导，组织课题组对明清时期在书院讲学的山长们开展调查研究。学校还在高中部校区开设了校史馆展览室，展出了端溪书院的重要文物史料，比如当年的考卷、毕业证书等。端溪文脉，将继续流传。

俯视今天的肇庆中学

● 明成化十二年（1476）

曾任宝庆（今湖南省邵阳市）知府的厚街乡贤王恪，为培养同族子弟成才，召族人捐款助学而创办鳌台书院

● 清乾隆二十一年（1756）

鳌台书院因年久失修而坍塌，王氏族人遂将书院移建于菊塘坊菊山之侧

● 清光绪二十六年（1900）

鳌台书院进行第二次修复重建

● 公元1990年

鳌台书院被东莞市列为文物保护单位

● 公元2008年

厚街镇政府斥资两千余万元全新重建鳌台书院，2012年12月竣工

鳌台书院

鳌海锦鳞能跃浪　彭峰文笔可生花

走读导赏

书院Vlog

“月光光，照地堂，照到厚街菊塘坊；菊塘坊，自古就多读书郎；读书郎，独占鳌头荣故乡……”一首东莞厚街话童谣传来，孩子们用质朴的乡音，唱出一代代厚街人独特的文化记忆。歌词中吟唱的鳌台书院，就坐落于古朴宁静的菊塘坊。

作为莞邑文化符号之一，鳌台书院创建于明成化十二年（1476），由曾任宝庆（今湖南省邵阳市）知府的厚街乡贤王恪为培养同族子弟成才，召族人捐款助学而创办。明清两代，鳌台书院是东莞的著名学府，也是东莞最早的乡立书院之一。经历540余载风雨的鳌台书院，是东莞唯一状元、榜眼、探花三甲留墨的书院，直到1958年仍是厚街最高学府，人才辈出，文脉赓续，绵延至今。

2021年8月，鳌台书院被中共广东省委宣传部授予“岭南书院”称号，入列广东省“十大岭南书院”之一。按照“岭南书院”的建设要求，鳌台书院保留书院的活动功能，目前书院日常对公众免费开放，每年举办各类文化活动超过100场，其中公益培训活动逾30场。在发展与开发之中，鳌台书院成为厚街独特的文化地标与文化建设的重要阵地。

崇文重教，以文化人数百载

“鳌海澄波看锦鳞而跃浪，彭峰耸翠兆文笔之生花”，这是书院大门两侧的一副楹联。厚街镇文化宣讲员莫亦阳告诉记者，古人习惯把河流称作“海”，历史上鳌台书院门口有一条叫鳌河的河流经过，“鳌台”之名由此而来。

莫亦阳介绍，鳌台书院原址坐落于厚街长生庙侧，今乡贤亭附近，清乾隆二十一年（1756），书院因年久失修而坍塌，王氏族人遂将书院移建于菊塘坊菊山之侧，光绪二十六年（1900）进行第二次修复重建。20世纪60年代至70年代期间，书院主体建筑被完全拆毁，只剩下大门匾额和断成两截的石联，两侧厢房和正门后来被改建成可用于当时厚街中心小学教学办公的楼房。1990年，书院被东莞市列为文物保护单位。1998年9月厚街中心小学迁址。2008年，厚街镇政府斥资两千余万元全新重建鳌台书院，2012年12月竣工。

鳌台书院自创办以来，崇文重教，学风蔚然，人才辈出。明清时期，书院曾培育出了3名进士和20多名举人，以及一众乡贤。其中，以王恪的儿子王缜最为知名，官至明朝南京户部尚书。心学大师王阳明曾亲自为王缜著作《梧山集》撰序，对王缜“立德立功立言”方面给予高度评价，并誉其“可以前质古人，后示法于来者”。

在历史发展中，鳌台书院进行过数次改制，从书院到学堂再到学校，见证了历史车轮的滚滚前进。1908年，鳌台书院改制为学堂，1916年成为厚街乡立小学鳌溪小学分校，抗战胜利后成为厚街唯一的乡立国民中心学校。近代以来，鳌台书院先后走出了

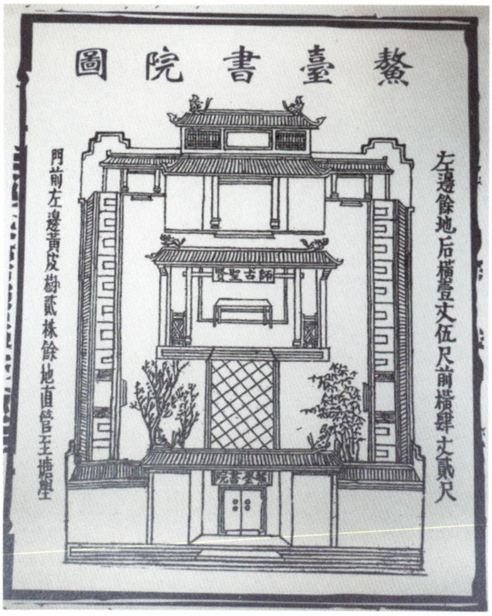

《鳌台王氏族谱》中的鳌台书院平面图

“鳌台八景”之“鳌台夜色”（方广洪　摄）

王作尧、王启光、王鲁明、王磊、王河等一批革命先驱，其中仅王作尧、王启光家族就有16人从事革命事业，可以说，鳌台书院是厚街革命人才培养的“摇篮”。

1949年以后，书院改办为厚街中心小学，直到1958年都是厚街的最高学府，其间曾兼办民办中学，培养出一批又一批优秀人才，承载着无数老厚街人久久难忘的求学回忆。

移步换景，三进格局承章法

步入鳌台书院，飞檐翘角，古韵悠然，处处显现岭南韵味。整座书院的格局沿横中轴对称分布，南北各6间厢房，共12间。书院整体为由正门、中堂、魁星楼组成的三进格局。

东莞厚街镇文化宣讲员莫亦阳介绍，在近半个多世纪的时间里，鳌台书院经历多次重建，主体建筑在二十世纪六七十年代均被拆除。目前的书院是在2008年进行第三次重建，历时4年后竣工的，重建后的书院占地面积约有4000平方米，建筑面积2600平方米左右。

“鳌台书院在保留古代格局的基础上，增大了书院的占地面积，并在

“魁星点斗”（欧明炽　摄）

“回廊深深”（欧明炽　摄）

“释孔朝圣”（欧明炽　摄）

重建过程中严格按照相关历史文献及照片进行复原，这也是东莞首座完全按照古建筑样貌格局进行修建的书院。”莫亦阳说。

《鳌台王氏族谱》在记录厚街人文风俗方面史料丰富，为重建鳌台书院提供了有力的参考依据。据《鳌台王氏族谱》记载，明清时期的厚街曾按风水布局“九鼎十三塘”，以保佑厚街人民风调雨顺，安居乐业。现今鳌台书院的平面图也出自这本《鳌台王氏族谱》，书中描绘的最初的鳌台书院，与当今的格局无异。

在莫亦阳的带领下，记者沿着书院中轴线深入，来到了开阔的中堂，古今的重要活动都在此开展，漫步其中，昔日学子的琅琅书声犹在耳旁。

南北厢房是供学子们念书上课的空间，如今用作展览、培训、创作、讲学、比赛、藏书和礼仪弘扬等用途，实现了“一房多用”，承担起兴文化、惠民众、育新人的使命。中堂石梯旁的两幅石雕是鳌台书院“三雕两塑”中的石雕，由福建石匠雕刻，内容是学童们再熟悉不过的“曹冲称象”“孔融让梨”这类典故。

书院建筑的“三雕两塑一绘”（石雕、木雕、砖雕、灰塑、陶塑、彩绘）汇聚了岭南建筑精粹，各具韵味。其中，魁星楼更是创造了全国魁星楼二层木石结构安装的先例，其全部采用榫卯连接，为岭南古建的标杆。

“独占鳌头”（欧明炽　摄）

“厢房叠韵”（欧明炽　摄）

魁星楼二楼作为书院的古籍典藏区，书香浓厚，藏书13 000多册，其中《容庚藏帖》是重要馆藏之一。从魁星楼二楼眺望，更可饱览鳌台书院独具岭南建筑特色的整体外貌。书院屋脊上有典型广府建筑装饰灰塑，以花鸟虫鱼、民间故事等为创作元素。屋脊顶端雕刻着两条鱼，古人称之为鳌鱼，鳌台书院将陶塑的鳌鱼置于屋脊之上，认为可以起到避雷避火的作用。彩绘则多以山水、人物、花鸟等为题材，寓意吉祥。从魁星楼二楼俯视，整座书院的自然风光与文化气息交相呼应。

在过去，魁星楼内供奉魁星像，供学子们在考试之前参拜，希冀能够在科举考试中金榜题名，一举夺魁。时至今日，魁星楼依然没有失去其原本的功能，仍有不少当地学校在此组织活动。厚街镇中小学校每年在开学季都会来这里举办仪式，参拜孔子像，体现尊师重教的文化传承。

据莫亦阳介绍，如今书院的景观已颇具规模，计有八景，分别为“魁星点斗”“鳌台挹秀”“鳌台飞檐”“独占鳌头”“回廊深深”“释孔朝圣”“厢房叠韵”和“鳌台夜色”，让人流连忘返，获评“东莞新十景”之一。

三甲留墨，从前佳话今人续

鳌台书院自建成以来，就被历代名流学者所重视，曾有状元庄有恭、榜眼冯愿、探花陈伯陶分别为书院题写匾联，因此，鳌台书院也成为东莞唯一曾有科举三甲留墨的书院。可惜因年代久远，状元、榜眼的墨迹原件已不见踪影，唯一保留的是清末探花陈伯陶用馆阁体题写的“鳌台书院”四字牌匾，原位于鳌台书院正门口上方，现存于鳌台书院文物展示室内。

书院正门的对联“鳌海澄波看锦鳞而跃浪，彭峰耸翠兆文笔之生花”是重建时仿制的，原件由清末民初厚街乡贤王麟生所撰写。“锦鳞而跃浪”寓意着书院培养的学子鱼跃龙门，人才辈出。

在重建过程中，厚街镇邀请了国内著名书法家为鳌台书院题字，重新挂匾，以绍文绪。中堂上方，“师古圣贤”四字牌匾金光闪亮，原件是由清乾隆四年（1739）状元庄有恭手书，如今悬挂于书院中堂的这一件，是由中国书法家协会前副主席、广东省书法家协会前副主席陈永正重新题写。中堂前方的对联“学贵因时通古今之谓士，地原毓秀树梁栋以成材”，原是明崇祯年间榜眼冯愿所书，如今呈现在我们眼前的这一幅是由著名书法家陈初生重新书写的。

以书院为起点打造“鳌台历史文化街区”

重建竣工后的鳌台书院秉承“传承优秀文化，提升厚街文化品牌”的宗旨，每年举办超过100场各类文化活动，实现了古书院功能的活化。厚街镇成功组织了“鳌台书院杯”厚街青少年千人现场书法大赛、鳌台讲坛、“鳌台书院杯”全国征文大赛、“鳌台之夜”文艺欣赏晚会等多个活动，使鳌台书院成为厚街镇弘扬传统文化的重要阵地。2016年，以鳌台书院命名的东莞书法最高奖“鳌台书院奖”永久落户厚街。

近年来，社会上众多的团体、学校纷纷在鳌台书院举办如学生开笔礼、拜孔子、古筝汉服表演等各类传统文化活动，让书院的传统文化气息更加浓厚。以“鳌台”命名的11项“鳌台书院”系列文化品牌活动，在2020年被东莞市委宣传部列入全市文化建设典型案例。数年来，鳌台书院先后有“全国大书法研究创作基地”、“广东楹联文化创作基地”、东莞市书法创作基地、东莞市社科普及基地等十多个文艺创作基地落地扎根，每年受惠人数超10万人次。

厚街镇还计划在鳌台书院周围开发相关旅游产业，整合厚街历史文化资源、本土美食元素、红色文化基因、宗祠文化等，与现代文旅产业结合，打造文化社区，让鳌台书院焕发出更大生机，同时推动当地经济发展。

莫亦阳告诉记者，厚街镇接下来将以鳌台书院为起点，活化利用鳌台书院、八角亭公园周边区域，规划建设“鳌台历史文化街区”。其中，全新的“鳌台八景”更是值得一览的风景。他说，原“鳌台八景”有“鳌台垂钓”“莲沼观鱼”“松桥候潮”“课耕稼亭”“榕荫归鹤”“寺峰晚眺”“菊山秋月”“凤岭朝霞”。由于周边环境的历史变迁，旧时“鳌台八景”已不复存在，新规划根据《鳌台王氏族谱》中所描述的意象重新打造，布置了全新的“鳌台八景”，复原古时意境。如今的“鳌台新八景”将被打造为“水清、岸绿、景美、文承、人和”的人文景观空间与生活游憩空间，公园景观栈桥、湖亭半岛、岭南戏台、古风建筑等与书院融为一体，成为新打卡地，游客可登上书院观景，领略厚街镇独具一格的文化魅力。

“可以说，整个鳌台书院正在焕发出跨越历史的勃勃生机，并且以这种文化的辐射力，将文脉延续下去。”莫亦阳表示。

“鳌台飞檐”（欧明炽　摄）

- **南宋淳祐四年（1244）**

丰湖书院的前身聚贤堂由宋太宗八世孙赵汝驭创建

- **南宋宝祐二年（1254）**

惠州知州刘克刚改聚贤堂为丰湖书院，此时的丰湖书院位于千年古刹开元寺西侧，是岭南地区传播程朱理学的中心之一

- **元至正六年（1346）**

广东道为祭祀理学大儒罗从彦，再建丰湖书院

- **明洪武二年（1369）**

地方官府改丰湖书院为归善县学

- **清嘉庆五年（1800）**

惠州知府伊秉绶迁惠阳书院于惠州西湖之畔的黄塘，重建丰湖书院

- **清光绪二十九年（1903）**

丰湖书院改办为惠州府中学堂

- **公元2008年**

惠州市恢复丰湖书院为名胜景点

丰湖书院

西湖胜景筑亭榭　万卷藏书教泽深

走读导赏

书院Vlog

惠州丰湖书院鸟瞰图。丰湖书院坐落在惠州西湖的丰湖半岛上，三面皆水，蟠居一山

丰湖书院是宋代广东四大书院之一，位于惠州西湖之畔，西湖旧称丰湖，书院因此而得名。丰湖书院的前身是宋太宗八世孙赵汝驭创建于南宋淳祐四年（1244）的聚贤堂。宝祐二年（1254），惠州知州刘克刚改聚贤堂为丰湖书院，此时的丰湖书院位于千年古刹开元寺西侧，是岭南地区传播程朱理学的中心之一。元至正六年（1346），广东道为祭祀理学大儒罗从彦，再建丰湖书院。明洪武二年（1369），地方官府改丰湖书院为归善县学。清嘉庆五年（1800），惠州知府伊秉绶迁惠阳书院于惠州西湖之畔的黄塘，重建丰湖书院。清光绪二十七年（1901），丰湖书院停办。1903年，书院改办为惠州府中学堂。1946年改为广东省立惠州师范学校。1978年改为惠阳

师范专科学校，2000年升格为全日制普通本科院校，更名为惠州学院。2008年，惠州市恢复丰湖书院为名胜景点。丰湖书院历经700余年，记录了惠州文化教育的发展历程，是解读岭南书院历史的一个完整样本。

“山水小蓬瀛”是怎么建成的

“三面皆水，蟠居一山。”承载着惠州千年文脉的丰湖书院如今位于惠州西湖的丰湖半岛上，书院主体院落三面环水，前有文昌楼，后有留云亭，左有澄观楼，右有湖山楼。整座书院群亭台池榭，花木扶疏，实乃西湖一大胜景。

然而，西湖景区管理中心旅游文创部部长郑盈却对记者透露，最早的丰湖书院并不设在西湖边。据她介绍，丰湖书院的历史最早可追溯到南宋淳祐四年（1244），当时宋太宗八世孙赵汝驭知惠州，他在郡城西南银冈岭建起了祭祀式书院——聚贤堂，祀陈尧佐、陈偁、苏轼、唐庚、陈鹏飞、许申、苏过、陈权、留正等寓贤及古成之、张宋卿、陈焕等乡贤共十二人，又名“十二先生祠”。祠后为晞是堂，堂上有楼，名唤第一湖山楼，是惠州历史最为悠久的楼堂。

惠州丰湖书院正门

丰湖书院东侧的澄观楼，远处是始建于唐中宗年间的泗州塔，又称玉塔，俗称宝塔

赵汝驭离开惠州后，宝祐二年（1254），南宋著名诗人刘克庄的胞弟刘克刚知惠州，改聚贤堂为丰湖书院，“以堂为夫子燕居，塑豫章先生像于晞是堂。别为十二先生祠于堂之后。又于其西构六君子堂，其南辟四斋，又南立三门”。很显然，丰湖书院比之聚贤堂规模扩大了不少。刘克刚之后，丰湖书院陆续有葺建，如宋景定三年（1262），摄守林畔在书院前增建如沂亭。进入元朝，丰湖书院由学术宗门演变为名人先哲的祭祀之所。明朝之时，官学盛行，丰湖书院归于沉寂。

直到清康熙三十二年（1693），惠州知府王煐将丰湖叶氏废园与前任知府吕应奎在黄塘创办的西湖书院合并，重建丰湖书院。他在自撰的《丰湖书院记》一文中提到共建堂舍二十四间作为讲学诵习之所，又有“亭、榭、台、沼……以为游息之地”。

鲜为人知的是，历史上的丰湖书院曾经设过“御书楼”。据惠州市旅游

惠州丰湖书院仰拍图。蓝天白云下的古建筑安静祥和

发展促进中心副主任梁艳阳博士介绍，清康熙五十五年（1716），广东提督王文雄、惠州知府李士瑜、连平知州摄惠州府事徐旭旦在西湖之畔的黄塘捐俸葺建丰湖书院。书院建成后不久，为使临海的一般平民都可以在丰湖书院瞻仰帝王的墨迹，王文雄还捐俸营建“御书楼”，把康熙皇帝御赐诗章摹刻于石，供奉楼上。据考证，皇帝御书的内容是唐代著名诗人杜甫《投赠哥舒开府二十韵》一诗的前两联：“今代麒麟阁，何人第一功。君王自神武，驾驭必英雄。”今日仍可在世经堂藏版《惠州西湖志》“丰湖书院”地图中查阅到当年“御书楼”的大概样式，楼平面呈六角形，为三开间、悬山顶、中间有一正脊的二层楼阁式建筑，位于丰湖书院正后方，周边有文昌阁、黄塘寺等。

“文坛名宿伊秉绶的到来，是丰湖书院走向鼎盛的转折点。” 西湖景区管理中心旅游文创部部长郑盈对记者介绍，清嘉庆五年（1800），惠州知府伊秉绶将惠阳书院迁至丰湖书院旧址，恢复丰湖书院旧称，并扩建之。据清陈鸿猷《迁建丰湖书院碑记》记载：“院地三面皆水”“修广可百亩，中为讲堂”“堂上为楼，日澄观楼，祀文昌神及暨周、程、张、朱五夫子”“轩前数十步有阁，掌教宋湘题为风浴阁”。可知当时已悉数建成澄观楼、乐群堂、夕照亭、浴风阁，时任丰湖书院山长的宋湘因此题写了千古楹联“人文古邹鲁，山水小蓬瀛 ”。清代著名诗人阮元更撰诗《过丰湖书院》赞道：“行过丰湖上，如游处士乡。桥通钓鱼艇，山抱读书堂。竹影皆依水，蕉荫亦满墙。几人来寓此，足以散清狂。”大才子笔下的丰湖书院美景让一众文人雅士流连忘返。据郑盈介绍，如今的丰湖书院，就是按照当时的规制恢复重建的。

梁艳阳博士也告诉记者：“我们在书院入口处见到的‘敦重’二字石刻正是由清代碑学代表人物伊秉绶亲笔题写的，源于孔子‘君子不重，则不威；学则不固’的教诲。今天惠州市唯一的本科院校——惠州学院 ‘敦重明辨，求真致用’的八字校训以 ‘敦重’二字居首，正体现了其对丰湖书院精神的自觉赓续。”

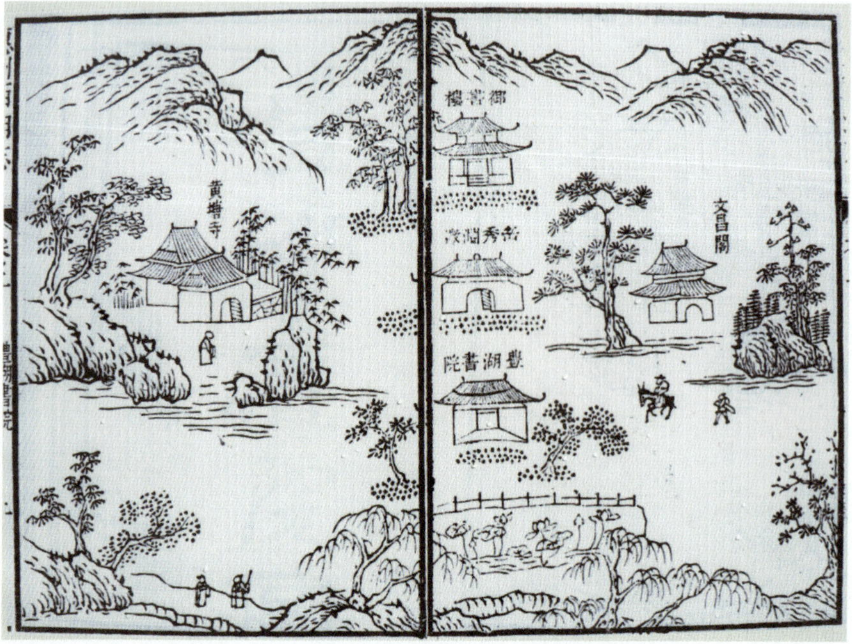

清康熙五十五年丰湖书院图，御书楼、文昌阁、黄塘寺等建筑清晰可见

丰湖书院入口处的“敦重”石刻，由清代碑学代表人物伊秉绶亲笔题写

师席传承最为完整的书院之一

山长是书院主持人的名称，因书院起初多设于山林僻静处而得名。山长既是书院的行政组织者，又是书院的学术带头人，其学术水平与道德水平之高低，甚至可以决定书院的兴废盛衰，因此，选聘山长是书院的头等大事。清光绪《惠州府志》中记载，丰湖书院山长必须是“两榜品学兼优者”，且必须由惠州知府亲自聘请。而据梁艳阳博士介绍，丰湖书院自南宋首任丰湖书院山长郑济甫之后，可考的山长有46人，仅次于山长人数最多的岳麓书院（55人），是中国书院史上师席传承最为完整的书院之一。特别是自伊秉绶于清嘉庆五年（1800）重建丰湖书院至光绪二十九年（1903）书院改制，百年间共出了33位山长，进士出身者25人，其中14人钦点翰林，宋湘、徐旭曾、鲍俊、梁鼎芬、颜培瑚、潘存、吴道镕、曾望颜、王赠芳、邓承修、潘存等等，每一位都是领一时风气之先的杰出人物。

先从丰湖书院的首任山长郑济甫说起。话说南宋宝祐二年（1254）丰湖书院建成后，惠州知州刘克刚制定了较为完善的书院规章，“简生徒有志

丰湖书院内展厅展示的古代文房四宝

向者讲习其中，以州学教授兼山长”，聘请了当时著名的程朱理学大师郑济甫出任首任山长。郑济甫，字逢言，福建莆田人，时任归善县主簿，进士出身，著有《经史考》。丰湖书院因此声名大振，成为岭南传播儒学文化的重要场所之一。丰湖书院也因此与广州的番山书院、禺山书院及韶州的相江书院并称为宋代广东四大书院。

清嘉庆五年（1800），惠州知府伊秉绶重建丰湖书院后聘请宋湘为山长。宋湘（1756—1826），字焕襄，号芷湾，广东梅州人，嘉庆四年（1799年）进士，著名诗人、书法家，被嘉庆帝誉为“岭南第一才子”。相传当年宋湘赴广州考试，因盘缠不足，途经惠州时求助于惠州知府伊秉绶。伊秉绶说：“听说你是对联高手，如果能五步成联，且于联中嵌入东南西北四字，我就资助你的路费。”宋湘略加思索后，就提笔写下“南岭古人瞻北斗，东坡今日住西湖”这一名联。此联不但对仗工整，而且把伊秉绶比喻为苏东坡，伊秉绶自然大为赞赏，遂赠之厚金。宋湘得此资助，旋即赶赴广州应考，结果独占鳌头，从此才名冠全省。文坛从此也有了“曹子建七步成诗，宋芷湾五步成联”的佳话。记者在丰湖书院回廊壁上见一题石对联，为宋湘于嘉庆六年（1801）秋天题写，上联“结庐绿绕青来处”，下联“得句花香鸟语中”，对联运用了特殊的对仗形式，十分精巧，令人拍案叫绝。

且说宋湘任丰湖书院山长两年间，常与伊秉绶召集生员，同堂讲论至深夜，每次的生徒文课，他都会写一两篇文章以作示范，后结集成《红杏山房时文》。嘉庆七年（1802）冬，宋湘赴广州主讲粤秀书院，作《湖上五别诗》于澄观楼壁上，相传是用蔗渣写成的。伊宋二人在惠州期间，跟当时的硕彦名儒如翁方纲、冯敏昌、吴锡麟等往来密切，诗颂惠州，惠州一时成为全国文化人关注的人文亮点。

嘉庆年间丰湖书院山长中，令人瞩目的除了宋湘之外还有“客家研究第一人”徐旭曾。徐旭曾，字晓初，广东和平人，与宋湘是嘉庆四年（1799）同榜进士。嘉庆十三年（1808），时任丰湖书院山长的徐旭曾针对当时土客争斗事件给诸生讲论客家问题，分析了客家的渊源、分布、习性及方言等，几乎涵盖了客家问题的方方面面，这些内容随后被整理成《丰湖杂记》一文，成为系统论述客家历史文化的开山之作，被誉为“客家人的宣言”，影响深远。

梁鼎芬是丰湖书院历任山长中继宋湘之后书院的第二位灵魂人物。梁鼎

伊秉绶与宋湘对谈铜像

芬，字星海，号节庵，广东番禺人，光绪六年（1880）进士，后任末代皇帝溥仪的老师。清光绪十二年（1886），梁鼎芬应两广总督张之洞之请出任丰湖书院山长。他痛恨官场腐败，忧愤士气孱庸，崇仰东汉范滂和北宋苏轼的道德气节，在书院建范孟博祠和苏东坡祠，并为范孟博祠撰写楹联：“气节重东汉，英灵壮西湖”。然而，梁鼎芬对丰湖书院乃至惠州文化贡献最大的还是创建丰湖书藏。史书记载，丰湖书院的藏书历史始自清道光年间的惠州知府杨希铨。光绪十二年（1886），梁鼎芬于“书院之西，建楼三楹，四部略备，名曰书藏”，在张之洞的大力支持下，丰湖书藏收到各地捐赠的图书46 000余册，其中各省府县志搜集尤多。在梁鼎芬的不懈努力下，丰湖书藏的藏书逐年增多，最多时达10万余册，成为岭南规模最大的学校图书馆之一。

丰湖书院除了历代山长人才辈出之外，其生员亦不乏俊彦，譬如梁鼎芬座下的“丰湖十子”。“丰湖十子”中声誉最隆的是江逢辰，梁鼎芬曾公开以“行尽江山见此才”来称赞他。江逢辰（1859—1900），字雨人，又字孝通，号密庵，惠城桥东人，光绪十八年（1892）进士。江逢辰任户部主事时，甲午战争爆发，官僚们风声鹤唳，纷纷弃职逃遁，户部之中，只有他独居职守，以致忧愤咯血。江逢辰至纯至孝，母亲生病，他辞官在家侍奉；母亲去世后，他冬不裘，夏不帐，哭无时，夜不睡，以致身体遭到摧残，英年

丰湖书院藏书楼内的藏书

早逝，故惠州人称他为“江孝子”。江逢辰精于诗词，著有《江孝通先生遗集》，人皆称颂的“一自坡公谪南海，天下不敢小惠州”就出自他手。

近现代图书馆发展史上的丰碑

如今丰湖书院的藏书楼位于整座书院的第三进，门前是一座孔子立像，双手交叉前伸，行古代士人相见的“拱手礼”。藏书楼飞檐翘角，匾额“书藏”二字为赵朴初先生手迹，楹联“收藏胜似昆冈富，书卷长留天地间”。步入楼里，当中可见一方书案，案后有一雕像，正是在批改课卷的丰湖书院山长梁鼎芬。

“丰湖书藏称得上是广东最早的近现代图书馆。”据梁艳阳博士介绍，为了发挥书藏的作用，梁鼎芬首创一套完整的图书管理制度，书以经、史、子、集、丛五部分类，设阅读之所，定外借之约，并雇请专门的图书管理人员。他自己则“亲手题签，自装部目”，编《丰湖藏书目》八卷等。“梁鼎芬订立的《丰湖书藏四约》已具备了近现代图书馆管理制度之雏形。其中《捐书约》允许捐书者在所捐书籍中刻印爵里，盖印姓氏，体现了捐赠人可享留（冠）名权的理念。”

梁博士介绍，丰湖书藏的创建，不但促进了书院的教学活动，而且也

丰湖书院的藏书楼。门前的一座孔子立像，双手交叉前伸行“拱手礼”

案后的雕像是在批改课卷的丰湖书院山长梁鼎芬

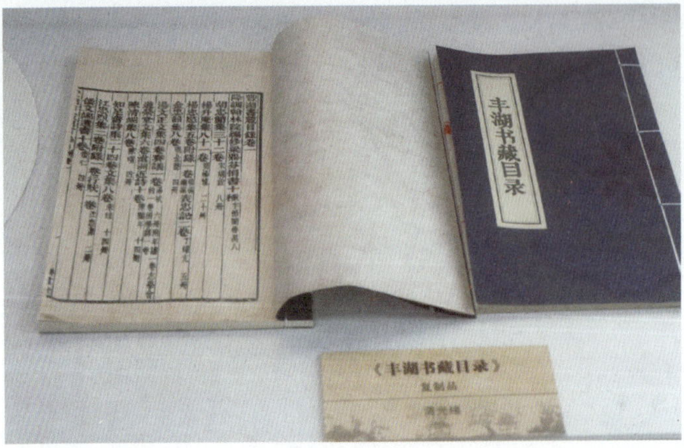

清光绪年间的《丰湖书藏目录》。丰湖书藏是广东最早的近现代图书馆

促进了惠州文化学术研究风气的形成。“丰湖十子”之一江逢辰的诗可作佐证：“丰湖先生作书藏，小户贫家知买书。但得五车搜旧蠹，不辞三月食无鱼。”

令人惋惜的是，民国初年，书院在战乱中遭到炮火轰击，书藏被焚烧，图书损失严重。1930年，社会较为安定后，地方名士黄树棠、张友仁等着力倡议在惠州府城的梌山之上募资兴建惠州私立丰湖图书馆，收藏、保护丰湖书藏之古籍，并编撰《惠州私立丰湖图书馆书目》，书藏得以延续流传——

丰湖书院的乐群堂。当时正在举行“丰湖会讲”活动

这也开启了惠州图书馆一个新的历史旅程。

“前辈传经讲席横” 盛景重现

据梁艳阳博士介绍，历经800多年风雨的丰湖书院于2022年11月又迎来一大盛事：丰湖书院博览馆揭牌仪式。“丰湖书院博览馆把传统书院与现代博览馆有机结合，目标是打造西湖科学讲坛、最美古籍图书馆，以及‘千年书香、国学传承’研学基地等，以赓续岭南书院文脉，建设大湾区文化高地。”

记者采访的当天，正值书院在举行新一期的“丰湖会讲”活动，活动由惠州市文化广电旅游体育局主办，邀请中山大学哲学系教授、博士生导师冯焕珍前来讲述《如何学习〈周易〉》，闻讯而来的听众挤满了乐群堂，有些晚来的甚至站着听完两个小时。

“门题山水小蓬瀛，前辈传经讲席横。一片湖云遮不住，藕花深入读书声。”100多年过去了，当时赋诗的丘逢甲估计也没想到，如今的丰湖书院被注入了新的生机，崇文兴教之风至今绵延。

● 南宋淳祐三年（1243）

潮州知州郑良臣在潮州城南之韩文公庙旧址[北宋元祐五年（1090）迁建]之上创建韩山书院。宋元更替之际，书院毁于兵燹

● 元至元二十一年（1284）

韩山书院一度重兴，后又毁于火灾

● 元至正二十六年（1366）

潮州路总管王翰在潮州府城内西南大隐庵旧址重建韩山书院

● 清康熙二十七年（1688）

韩山书院被潮州知府石文晟改为南隅社学；3年后，惠潮分巡道史起贤于韩江之东、韩山之麓另建昌黎书院，北倚韩祠，仍祀韩愈，可视作原韩山书院之延续

● 清雍正十年（1732）

潮州知府龙为霖大规模扩建昌黎书院，并改名为韩山书院，书院始得以名副其实

● 清光绪三十年（1904）

韩山书院改办为新式的惠潮嘉师范学堂。辛亥革命后，相继改为广东省立惠潮梅师范学校、广东省立第二师范学校、广东省立韩山师范学校、韩山师范专科学校等

● 公元1993年

韩山师范专科学校升格为韩山师范学院

韩山书院

云横秦岭思弘道　桥锁沧波快读书

走读导赏

书院Vlog

由广济桥过韩江可见韩山书院

韩山书院的历史最早可追溯到南宋淳祐三年（1243）。其时，南宋潮州知州郑良臣在潮州城南之韩文公庙旧址[北宋元祐五年（1090）迁建]之上创建韩山书院。宋元更替之际，书院毁于兵燹。元至元二十一年（1284），韩山书院一度重兴，后又毁于火灾。至正二十六年（1366），潮州路总管王翰在潮州府城内西南大隐庵旧址重建韩山书院。明代，韩山书院继续存在。清康熙二十七年（1688），绵延了400多年的韩山书院被潮州知府石文晟改为南隅社学。3年后，惠潮分巡道史起贤于韩江之东、韩山之麓另建昌黎书院，北倚韩祠，仍祀韩愈，可视作原韩山书院之延续。雍正十年（1732），潮州知府龙为霖大规模扩建昌黎书院，并改名为韩山书院，书院始得以名副其实。韩山书院起初只服务于潮州府属十一县，稍后发展为惠州、潮州二府与嘉应一州的粤东惠潮嘉道三属书院。清嘉庆、同治、光绪间屡有修建，其传统书院教育一直延续至光绪三十年（1904）才改办为新式的惠潮嘉师范学

堂。辛亥革命后，相继改为广东省立惠潮梅师范学校、广东省立第二师范学校、广东省立韩山师范学校、韩山师范专科学校等。1993年，韩山师范专科学校升格为韩山师范学院。

赢得江山都姓韩

屹立于韩山之麓、韩江之滨、韩文公祠旁边的韩山师范学院，是潮州市最高学府。在汕头大学建校之前，它也是潮汕地区的最高学府。人们知道这所学校的发展史是清末以来中国师范教育制度变迁的见证，却很少知道其前身韩山书院也是中国书院制度变迁过程的缩影。而韩山书院的诞生与唐朝著名文学家、政治家和思想家韩愈有着莫大的关系。

"'一封朝奏九重天，夕贬潮阳路八千。'韩愈因谏迎佛骨被贬谪到潮州，虽然他治理潮州只有短短的8个月，但却对潮州的社会与文化产生了深远的影响，所谓'赢得江山都姓韩'。"《韩山书院史稿》作者、韩山师范学院文学与新闻传播学院教授吴榕青对记者说，韩愈任潮州刺史期间办了四件大事，包括驱除鳄鱼、鼓励农桑、赎放奴婢与延师兴学等，潮州的老百姓因此非常拥戴他，甚至将山水易姓：他经常登临的笔架山被称为"韩山"；他驱鳄的恶溪改称"韩江"，他亲手种植的橡树被誉为"韩木"。北宋咸平二年（999），潮州开始兴建韩文公祠，以祀贤传道。到了南宋淳祐三年（1243），潮州知州郑良臣在城南之韩文公祠旧址之上创建韩山书院。从此，韩山书院与韩文公祠密不可分。更重要的是，从南宋创建起到清末，韩山书院一直膏火不断，这全赖于潮人对韩公的崇拜。

吴榕青教授还指出，韩山书院在历史上有3处院址，分别为潮州府城外南7里（1243—1352）、城内西南（1366—1688）以及韩山山麓（1692—1904）。"不管如何迁建与重修，韩山书院一直是粤东兴学育才、人文荟萃之地，始终占据着州、路、府、道之学的重要位置，对粤东地区文化的传播、教育的发展、民风的善化、经济的繁荣和社会的进步，发挥着重要的作用。韩山书院产生于全国地方普遍设立官方书院的时期，并能延续至清末改制，在中国古书院发展史上具有相当的典型性。”

千年古祠草木深

吴榕青教授介绍，在韩山书院跨越宋、元、明、清四朝的沿革中，韩文公祠一直是其主体结构之一，祭祀韩愈作为教学过程中的庄重仪式，从未间断。

韩文公祠始建于北宋咸平二年（999），是中国现存最早纪念唐代文学家韩愈的祠宇。原位于潮州府城南的金山山麓，后来才迁至韩山山麓。如今的韩文公祠背靠韩山，面临韩江。主体建筑分前后二进，祠内梁间遍挂名家题写匾额，祠前甬道尽端处是51级笔直石蹬道，暗合韩愈主政潮州时正好51岁。

主祠内现有40块碑刻，乃历代文人雅士所题，如明清两代重书的苏轼撰《潮州昌黎伯韩文公庙碑》、明正统年间知府王源的《增修韩祠之记》，这些碑刻有的是赞美韩愈治潮业绩，有的则是记述韩祠修建的历史。2006年5

韩文公祠始建于北宋咸平二年（999），是中国现存最早纪念唐代文学家韩愈的祠宇

韩山书院碑廊，保存有历代纪念书院变迁的珍贵碑刻

月25日，韩文公祠被公布为第六批全国重点文物保护单位。

相传当年韩愈所植的橡树，就在韩文公祠前。据宋礼部尚书王大宝《韩木赞》记载："潮东山上有亭，唐韩文公游览之所也，亭隅一木，虬干鳞文，叶长而傍棱，耆老相传公所植也，人无识其名，故曰韩木。旧株既老，类更滋蕃，遇春则华，或红或白，簇簇附枝，如桃状而小。每值士议春官，邦人以卜登第之祥，其来旧矣。"吴榕青教授指出，王大宝笔下的"韩木"，就是韩愈亲手种的橡树，潮州人崇尚韩愈，便以树上开花的繁密与稀疏来预测当年潮州科举的盛衰，甚至《潮州府志》有"乾隆九年祠堂橡木花，科名大盛"的记载。于是，祠吊先哲，木卜科名，"韩祠橡木"便成了潮州八景之一。"可惜橡木在清代就已经枯死了，后来代之以木棉。近年有心人从河南引种了数十株橡树，也算是延续韩风了。"

韩山有地书声起

韩山书院在清末传统书院制度改革后几经易名与整合，于1993年演变成韩山师范学院。2015年，在管乔中等韩山师范学院校友的努力下，韩山书院得以重光，并以韩山师范学院原校史馆为主要活动场所，定位为校友及社会出资、学校支持的纯公益性学术研究及教育培训机构。

站在韩山书院门口，最先映入眼帘的是一副楹联：“多士讲习斯堂，当思文起衰、道济溺，体具用周，方信韩山有地；大儒温饱非志，与其月费钱、岁靡禄，名存实亡，何如橡木无花。”吴榕青教授介绍，这是清代潮州知府龙为霖亲拟的，于雍正年间悬挂在韩山书院主体原道堂外，上联是对学子的勉励，下联是给教师的告诫。对联不但对仗工整，而且巧妙地化用了宋代大文豪苏轼《潮州韩文公庙碑》中的字句，读之令人回味无穷。他还表示，龙为霖是韩山书院发展史上的关键人物。清代初期，因朝廷对书院发展采取了严控政策，绵延了400多年的韩山书院于康熙二十七年（1688）被改为南隅社学。康熙三十年（1691），惠潮巡道史起贤因应崇韩民意，于韩山山麓韩文公祠旁边创建昌黎书院。雍正十年（1732），就在朝廷改变针对书院的政策前夕，时任潮州知府的龙为霖捐俸2000两扩建昌黎书院，工程从雍正十年九月开始，到次年三月告成，历时6个月。

据吴教授介绍，扩建后的书院主体原道堂（讲堂）仍按旧址作三间，重新建造，外面是大门和围墙。从原道堂后面依山势拾级而上，可见三栋新建的振华楼，用来贮藏图书。左右两边分布着数列廊屋，共有书舍、厅、

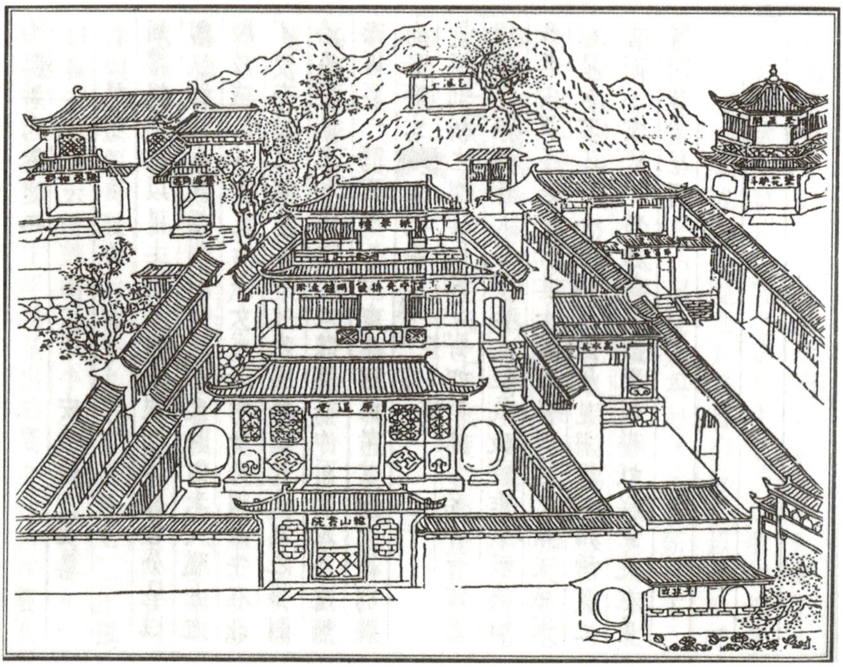

雍正年间的韩山书院图，录自雍正《海阳县志》

屋110间，这是书院生徒读书居住的地方。从右边转向南面，建有一座魁星阁。从左边转向北面，是原有的陆公祠（始建于明弘治年间，即1488—1505年，祭祀南宋忠臣陆秀夫），扩建时在祠前增建书舍8间。在半山腰上还建起一个乞珮亭，可供师生凭栏远眺。书院门口还挖了一口池塘，养着游鱼，栽有荷花。池中建起一个亭子，亭子形如画舫，设有观鱼槛。书院的空地上种有1000株花果树木，以添胜概。书院里的对联、匾额多是由大官员所题赠。后来因为前来求学的人数增多，又在书院西面的空地上辟建书舍。“扩建后的昌黎书院规模宏伟，气势不凡，龙为霖将其改名为韩山书院，韩山书院始得以名副其实。”

据吴榕青教授考证，历史上与韩山书院有关的碑记一共有12通，目前尚存4块。其中，元至顺三年（1332）潮州路总管王元恭立、大儒吴澄撰文的《潮州路韩山书院记》，现保存于潮州西湖文山亭内，清康熙三十一年（1692）惠潮巡道史起贤的《昌黎书院碑记》、雍正十一年（1733）潮州知府龙为霖的《韩山书院碑记》以及光绪二十八年（1903）十二月惠潮嘉道台丁宝铨的《重修韩山书院记》都保存在韩山师范学院碑廊中。“潮州文化以崇韩为突出特征。韩山书院保存有历代纪念韩愈及书院变迁的珍贵碑刻，是体现崇韩文化的重要实物遗存。”

大儒道济岭东之溺

据韩山师范学院文学与新闻传播学院教授、韩山书院副山长孔令彬介绍，清代韩山书院可考的院长（即山长、掌教）有40多位，他们或是进士或为举人，无一不是饱学之士，有些更是当世名流，如翁廷资、何如璋、吴道镕、丘逢甲等。

翁廷资（生卒年不详），字尔偕，别号海庄，广东省澄海县鮀江都（今汕头市金平区）人，为明朝兵部尚书翁万达之裔孙。清康熙四十一年（1702）举人，康熙四十八年（1709）中进士，授四川渠县知县，不久因病辞官。著名经学家惠栋提学广东时，举荐翁廷资为韶州府学教授。雍正十一年（1733），潮州知府龙为霖重修昌黎书院并改名为韩山书院，书院建成后，聘请翁廷资担任韩山书院主讲，士习文风翕然一变。

何如璋（1838—1891），字子峨，广东大埔县湖寮镇双坑村人，我国早期杰出的外交家。清咸丰十一年（1861）中举，同治七年（1868）中进士，庶吉士散馆授翰林院编修。光绪三年（1877年），升为翰林院侍讲，加二品顶戴，充出使日本国大臣，成为中国首任驻日公使。四年后任满归，数迁至詹事府少詹事。中法战争期间，任福建船政大臣，马江战败被发配张家口戍边三年，光绪十四年（1888）秋赐环归。同年粤督李瀚章延其主韩山书院讲席，光绪十七年（1891）卒于韩山院舍，享年五十有四。著有《管子析疑》《使东述略》《使东杂咏》《何少詹文钞》《袖海楼诗草》等。

吴道镕（1852—1936），字玉臣，号澹庵，广东番禺人。清光绪元年（1875）举人，光绪六年（1880）进士，庶吉士散馆授翰林院编修。不久即辞官回籍，光绪七年至十年（1881—1884）任韩山书院掌教。著有《明史乐府》《澹庵文存》《澹庵诗存》，并主持编修《海阳县志》《番禺县志》，选辑《广东文征》二百四十卷等。

丘逢甲（1864—1912），亦名仓海，字仙根，号蛰仙，祖籍广东镇平县（今蕉岭县），出生于台湾苗栗县，清末爱国志士与诗人，更是著名的教育家。丘逢甲于光绪二十三年（1897）初开始主持韩山书院，他认定科举制度必将废除，所以在讲习八股文以外，兼讲西方科学，其间曾作诗《韩山书院新栽小松》四首以明志。可惜当时岭东风气未开，丘氏此举未免惊世骇俗，每每受到当道者的疑忌。最后，丘氏不得不在年终辞掉韩山讲席。

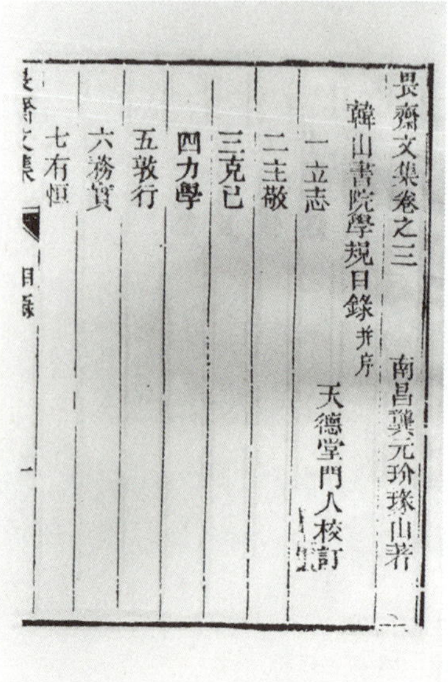
畏齋文集卷之三　南昌龔元玠琭山著
韓山書院學規目錄并序　天德堂門人校訂
一立志
二主敬
三克已
四力學
五敦行
六務實
七有恒

清代大儒龚元玠为韩山学院订立的学规，收录在其《畏斋文集》中

韩山书院之所以能一直笑傲粤东地区，除了延请名师之外，还因为其制定了严格的学规以保证学生的学习成果和纪律。据孔令彬教授透露，于乾隆七年（1742）担任山长的佘圣言，是雍正年间进士，当过纂修官，出任韩山书院山长后，为韩山书院制定学约八条：敦实行、崇经学、正文体、严课程、习声律、谨仪节、重友谊、戒轻薄。无独有偶，乾隆二十八年（1763），知名大儒

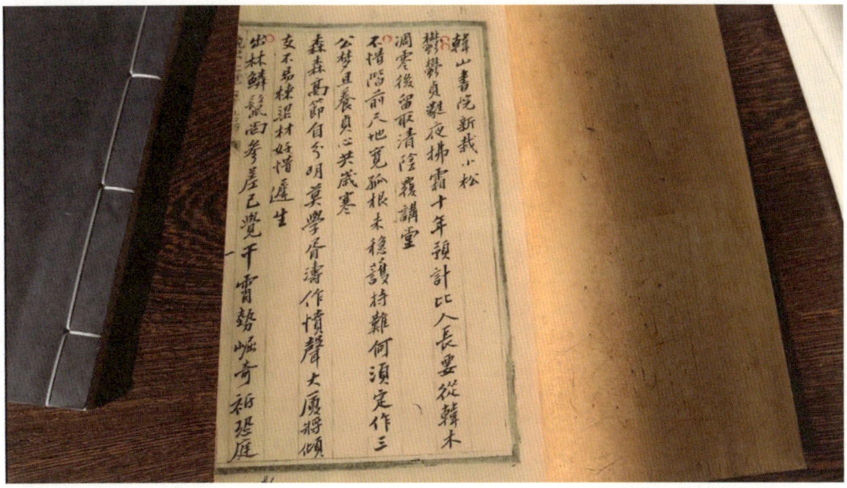

著名山长丘逢甲的手稿《蛰庵诗存（丁酉）》，第一页便是《韩山书院新栽小松》四首

龚元玠掌教韩山书院时亦订立学规十六条：立志、主敬、克己、力学、敦行、务实、有恒、知耻、闻过、崇谦、强恕、自反、去忮、安遇、慎交与经世。“这些学规不但体现了韩山书院的教育方针，规范了学生言行的准则、规范、戒律，同时也对社会发挥了良好的教化作用。”

存养天机蕴奇伟

于2015年重光的韩山书院延续了广邀天下名师的优良传统，国学大师饶宗颐教授和爱国实业家、慈善家陈伟南先生被聘为荣誉山长。韩山书院执行山长李伟雄对记者说：“重光后的韩山书院定位为校友及社会出资、学校支持的公益性学术研究及教育培训机构，秉承‘求是、求真、求正’的学术理念，以开展通识教育、提升国学素养为特色，‘存养天机，蓄蕴奇伟’，传承优秀传统文化，弘扬岭东人文精神，为韩山师范学院服务，为岭东地区的教育、文化事业服务。多年来，书院在教育研修、学术活动、学术研究、智库建设、对外交流合作等诸多领域取得了不俗的成果。”韩山书院与韩山师范学院常年合作开设国学与岭东人文研修班、古琴班，从2015年至今，韩山书院已开办了国学班十届、古琴班八届。其中，“韩江讲堂”学术周更是由北京大学一级教授、中央文史研究馆馆员陈平原主持，聘请国内外著名学者为韩山师范学院师生开讲，也对社会开放。从2015年至今共办了十一季，成为韩山师范学院的一个知名品牌。

清光绪三年（1877）

潮州总兵方耀特意拨出一笔巨款，饬令乡绅郭廷集在金山的濂溪（周敦颐）祠旧址创建金山书院，专门对潮州府9县生员进行培养

清光绪十三年（1887）

两广总督张之洞巡阅潮州，倡建书院藏书楼，于光绪十八年（1892）建成

公元1903年

金山书院改制为潮州中学堂，温仲和任学堂总教习，在学堂开设算学、外语和体操等新颖课程，与原有的“经史”教学结合，体现了当时中西结合的时代特色

公元1912年

潮州中学堂改制为广东省立潮州中学校，学制为4年

公元1935年

学校更名为广东省立金山中学

公元1952年

金山中学从潮州迁到汕头岩石，与私立岩光中学合并，合并后仍为省属中学，校名沿用广东金山中学

公元1978年

易名为汕头市金山中学

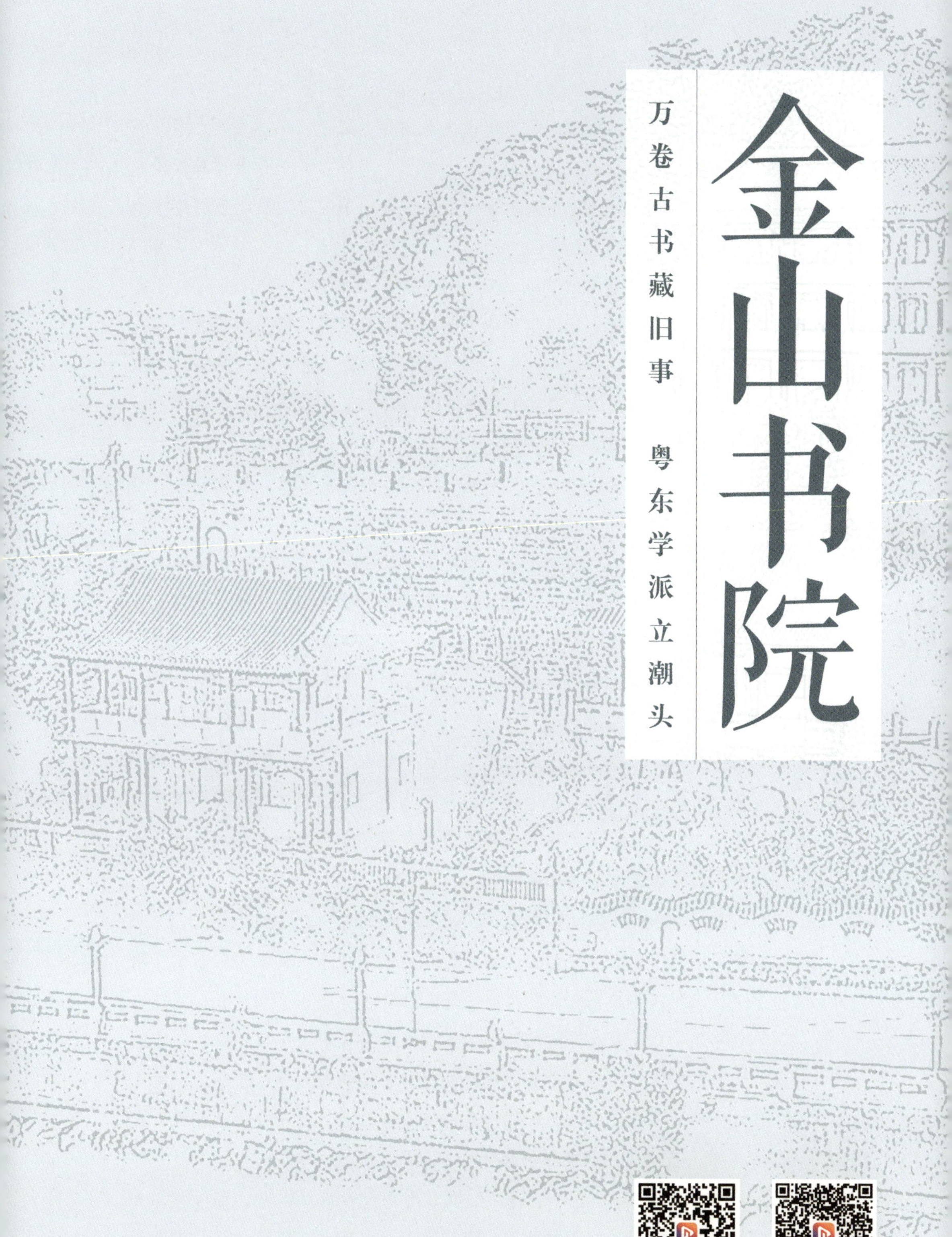

金山书院

万卷古书藏旧事　粤东学派立潮头

走读导赏　书院Vlog

广东潮州城北金山高踞，自宋代以来为州郡之屏障，也是一方之名胜。清光绪三年（1877），潮州总兵方耀特意拨出一笔巨款，饬令乡绅郭廷集在金山的濂溪（周敦颐）祠旧址创建金山书院。金山书院以其高质量的办学水准与鲜明的学术导向而引人瞩目。

较其他县属的书院而言，新设的金山书院层次稍高，专为潮州府9个属县的生员服务，由知府主持招生录取，是府属书院。书院前为崇道堂，堂内中间祭祀文昌帝君，左边祭祀韩愈，右边祭祀周敦颐。堂后为景韩楼。书院北面建斋舍70多间，皆倚山腰因山势而建。光绪十三年（1887），两广总督张之洞巡阅潮州，倡建书院藏书楼，于光绪十八年（1892）建成。起初金山书院原定学额100名，至光绪二十五年（1899）由绅董禀准，增加40名，合原额共140名。

金山书院办学时期，群儒成集，闻名岭南。创立后，由名师执掌院务，开设“四书”“五经”等科目，先后聘请陈维岳、廖廷相、凌端、柳芳、吴道镕、杨国璋、温仲和、何寿朋等名士任山长。书院聚集一批名儒，如温延敬、黄际清、王师愈、郭经、崔炳炎、郑国藩等。先贤们结合实际做学问，开启了严谨治学之风，影响了历世学人。在科举考试中，书院生员中举率高。光绪二十七年（1901），参加当年乡试中举者有28人，列全省第一。

光绪二十九年（1903），金山书院改制为潮州中学堂，温仲和任学堂总教习，在学堂开设算学、外语和体操等新颖课程，与原有的“经史”教学结合，体现了当时中西结合的时代特色。

1912年，潮州中学堂改制为广东省立潮州中学校，学制为4年。1913年，学校更名为广东省立潮州金山中学校。1923年，学校更名为广东省立第四中学。1935年，学校更名为广东省立金山中学。

1939年4月，潮州城遭日机轰炸，学校被迫疏散到潮安县（今潮州市潮安区）凤塘镇淇园村，后因局势严峻，金山中学（金中）暂时停办。1940年底，在人民群众强烈要求下，国民政府决定复办金中，任命詹昭清为校长，1941年春节，金中在潮州凤凰合溪圩复办。

1945年12月31日，金中迁回潮州城，因原校舍毁于战火，暂借开元寺做高中部校舍。三年后，参加高考的应届学生全部被大学录取。1949年夏，高中部从开元寺搬回金山顶新校舍。1949年12月，人民政府接管金中。1950年，人民政府任命杨方笙为金山中学副校长，主持学校工作。1952年，金山

金山书院石碑遗存

中学从潮州迁到汕头岩石，与私立岩光中学合并，合并后仍为省属中学，校名沿用广东金山中学。1978年易名为汕头市金山中学。

金山书院以高质量办学水平和鲜明学术导向，成为清末粤东地区最重要的教学教育场所，被民间誉为“岭东最高学府”。从潮州金山书院到汕头市金山中学，其一直都对潮汕地区社会经济文化有着重大影响，是潮汕地区师资最强、设备最优、藏书最丰富的学校。

张之洞饬建金山书院藏书楼

潮州府城北隅，悠悠韩江西畔，是钟灵毓秀的金山矗立之处。金山又称金城山，因形似覆釜而得名，曾为唐宋时潮州州署所在地。

金山对于潮州而言，意义非凡，是潮州文脉所在。明代天顺年间（约1464年），潮州知府陈瑄在金山上创建了一所新书院，是为“玉华书院”，又名“北山精舍”，其为杨骥、杨鸾兄弟与澄海名士陈明德聚徒讲学的重要场所。约正德十五年（1520），他们彼此往来讨论，揭开了王（阳明）学占据岭东学术阵地的序幕。光绪三年（1877），潮州总兵方耀特意拨出一笔巨款，饬令乡绅郭廷集在金山的濂溪（周敦颐）祠旧址，创建金山书院。

现在，这两所书院的旧建筑已经不复存在，但金山书院的文脉依然绵延赓续。著名爱国诗人丘逢甲曾登临金山书院，并作联云：

西北揭阳岭，东南太平洋，此楼萃山海奇观，望远登高，顿生八表经营志；

刺史韩昌黎，衙官赵天水，所学得圣贤宗旨，读书论世，莫负千秋尚友心。

在金山上的北阁佛灯景区，记者与韩山师范学院文学与新闻传播学院教授、潮汕历史文化研究中心青年委员会副主任吴榕青一起探访在原址重建的金山书院。北阁佛灯是潮州八景之一，背依金山，面临韩江。

只见新建的金山书院三层楼高，一楼为时尚阅读空间，藏有1000多册图书，面向公众开放；二楼为多功能文化讲座厅，不定期举办学术研讨、文化交流、公益讲座、演讲会等活动；三楼中华善本馆收藏《中华善本百部经典再造》，含经、史、子、集4部共202函，1152册。

为什么新建的金山书院这么注重藏书呢？吴榕青谈道，清末潮汕最高学府金山书院拥有一座闻名遐迩的藏书楼，其藏书的数量之多、质量之高，在潮属各书院中首屈一指。光绪十三年（1887），也即金山书院建成后10年，时任两广总督的洋务派要员张之洞巡视政务到了潮州，对金山书院的教学与配备不尽满意，于是饬令在书院东面建金山藏书楼。据说，张之洞亲自为书楼题匾曰“小嫏嬛”。清光绪《海阳县志》记载，光绪二十年（1894），惠潮嘉分巡道曾纪渠拨出官府所收来的赎罪白银3000两，让知府方功惠选购书院需要的图书。藏书共计7橱，除最初部分书橱（含书籍）由方耀拨置外，其余都是购买而来。据说书院藏书达万余卷，这在当时是一个相当不小的数目。不久，金山书院改办为潮州中学堂，书楼藏书自然为新式学堂（学校）所接管。

不幸的是，在1922年史无前例的“八二大风灾”中，楼摧书毁，令人嘘叹不已。“劫后余生”的小部分藏书现存于汕头市金山中学图书馆。

“潮州学派”崛起，引领教学新风

乾嘉以来，有一种新的学术风气在江南崛起，那就是朴学。金山书院建

新金山书院藏书

立后，僻居一隅的潮州也姗姗掀起朴学之风，以温仲和、温廷敬等及后来的饶锷、饶宗颐父子为代表的“潮州学派”形成。

朴学是一种治学方法，又称为考证学或考据学，主要的工作是对古籍加以整理、校勘、注疏、辑佚等。

吴榕青告诉记者，为后人所称道的以温仲和、温廷敬等为代表的“潮州学派”，首先是在金山书院中孕育、萌芽、壮大的。金山书院造就、影响的这一批地方学者，他们比以往更加关注地方文献，运用进步、严密的方法从事古籍文献整理和研究。

温仲和堪称岭东学界的先觉。温仲和秉承乃师陈澧乐为人师、献身学术的风范，主持金山书院一共有5年多。温仲和具有良好的学术基础，从训诂、声韵等“小学”基本功入手，研究各部儒家经典，特别精通三《礼》，在国子监读书时，写成《三礼经纂》一书，博得了管学与祭酒的赞赏，扬名京城。

吴榕青谈道，在金山书院教学期间，温仲和热切投入书院的教学与研究。温仲和在教学内容上有较大的革新，除经古文外，他认为算学是各门学科的基础，安排学生学习算术，亲自编写《代数几何算稿》作为讲义。

丘逢甲曾这样评价温仲和：在1900年以前，读书人要么受到“旧学”的蒙蔽，要么偏离了“新学”的尺度，温仲和都给予启发、指正，置别人的诽谤于脑后，因此他的许多学生能够成才。

吴榕青表示，当时广东文化学术中心——广州学海堂的弟子陈维岳、廖廷相、吴道镕、温仲和都相继担任过金山书院的掌教。学堂开设伦理、政法、历史、地理等课程，学生除学习经史国学外，还需要学习以英语为主的外语。

除了名师，晚清的金山书院也曾培养出不少优秀的生徒，如大埔的温廷敬，海阳的黄桂荣、王师愈，揭阳的姚梓芳，潮阳的郭经等。

韩愈被贬潮州后，其好友贾岛作诗寄慰，有“一夕瘴烟风卷尽，月明初上浪西楼”之句，金山书院浪西楼便得名于此

清末金山书院经费充足“工资高”

为什么岭东一座小小的金山书院，可以形成“潮州学派”，人才辈出呢？

在北阁佛灯景区，新建的金山书院展出了金山书院的发展历程，提到了该书院拥有优厚的教育经费。

到底有多优厚？吴榕青告诉记者，光绪十三年（1887）底，两广总督张之洞视察潮州期间，曾面谕潮州府知府方功惠在潮州牌捐项下，每年提白银1000两，添作金山书院专款。

除了张之洞特别关照金山书院外，光绪五至九年（1879—1883）间，担任潮州镇总兵的方耀，也陆续拨给书院一批丰厚的田产等租业。

方耀对金山书院贡献颇大，曾于光绪十八年（1892）刻石竖碑以记。现在，在金山顶金山实验初级中学阶梯教室左侧，仍然能找到这6座石碑，每座高约220厘米，宽约82厘米。据统计，金山书院当时的资产包括：澄海、饶平塭田9处，共有塭田3246余亩，沙田373亩，水坦200亩，草坦500亩；此外还有木桁三排计27柱，汕头埠行铺共101间。

当年书院师生们的待遇到底有多好呢？吴榕青谈道，光绪二十九年（1903）正月，官府出公告正式将金山书院改为中学堂，并定期考试，招录学生80名。师生待遇从优，如总教习每月薪金五十两；分教习每月薪金十两

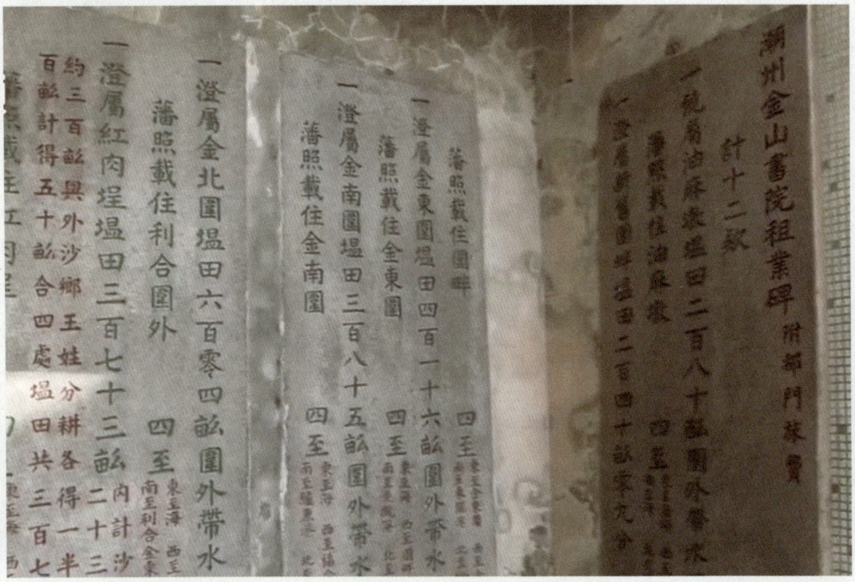

刻有金山书院资产情况的石碑

到二十两不等；外文教习每月十五两；学生80人，每人每月发放伙食费二两一钱，共发11个月。此外，学堂还设有月奖、年奖，每年计约六百两。

光大书院传统，文脉仍在赓续

今日的金山书院除了在旧址重建的纪念场馆，其文脉也依然在赓续。

光绪二十九年（1903），金山书院改办为潮州中学堂。至民国时期，潮州中学堂先后易名为省立潮州中学校、省立金山中学等。1978年易名为汕头市金山中学。在相当长一段时期里，书院（学校）以设备最优、师资最强而被民间誉为“岭东最高学府”。

2007年，汕头市金山中学被确定为首批广东省国家级示范性高中。在汕头市金山中学，处处可见当年金山书院浓郁的兴学之风。比如仲和堂是为了纪念“潮州学派”的代表人物、曾任金山书院山长的温仲和而修建的。

今天的汕头金山中学，设有纪念杰出校友饶宗颐的“饶园”

学校还建有“金山书楼”，现馆藏古籍379部10 426册，多承继于金山书院的金山书楼，其中善本22种，明刻本4种，乾隆前清刻本18种。经部古籍共74种，1639册，其中《字汇》《重订四书疑问》《读孔通考》《古愚心言》《赵清献公集》《五礼通考》《逍遥山万寿宫志》《通俗编》等8部古籍入选《广东省珍贵古籍名录》，其中不少珍本善本为当时潮州知府方功惠所捐赠。该书楼还被中国图书馆学会评为“百年老校优美图书馆”。

今年已经是汕头市金山中学建校146周年。在过去100多年中，学校培养出5万多名毕业生，其中有不少人成为学界精英、业界翘楚，包括国学大师饶宗颐，中国生理学奠基人蔡翘，翻译家梅益，爱国侨领庄世平，香港潮州商会会长黄书锐，全国政协参政议政人才库特聘专家、汕头金中校友会会长林克伦，深圳经济特区建立40周年创新创业和先进模范人物之一、深圳奥比中光科技有限公司董事长黄源浩等。

关于未来，汕头市金山中学更是有着自己宏大的规划。汕头市金山中学吴进南校长表示，我们要讲好金中故事，光大书院传统。2021年12月，汕头市金山中学教育集团正式成立，成员校包括：汕头市金山中学、汕头市华侨试验区学校、汕头市金中海湾学校、汕头市金中南滨学校、南澳中学。学校积极探索教育集团办学路径，努力创建广东省优质教育集团，真正发挥汕头市金山中学引领辐射作用。金中海湾学校、金中南滨学校各项工作已经上正轨，金中华侨试验区学校、南澳中学进步明显。

从金山书院到金山中学，岭东文脉绵延不息，正在新时代焕发青春。

◆ 明朝嘉靖年间（1522—1566）

隆津都乡贤福建布政使刘子兴、行太仆寺卿成子学等创建龙韩社，并在龙湖古寨南门边建韩祠祭祀韩文公

◆ 明天启二年（1622）

隆津都十五姓乡民捐学田七百多亩，创办龙韩社书院

◆ 清乾隆二十四年（1759）

时任惠潮嘉兵备道的梁国治主持了该书院史上最大规模的重修并题匾，龙韩社书院改称龙湖书院

◆ 公元1927年

时任县长林修在原韩文公祠旧址，重建书院楼和书院大门，这也是目前整座书院的主体建筑

◆ 公元1947年

龙湖书院改办为潮安县（今潮州市潮安区）第三初级中学，现为潮州市潮安区龙湖中学

◆ 公元2022年

龙湖中学校友李慧智、陈树坤捐资对书院楼加固修复，书院楼重焕光彩

龙湖书院

乡中社学延韩脉　诗诵弦歌四百年

走读导赏

书院Vlog

龙湖书院位于潮州市潮安区龙湖古寨中，是潮州三大韩祠书院之一。明朝嘉靖年间，龙湖乡贤福建布政使刘子兴、行太仆寺卿成子学等创建龙韩学社，即龙湖韩愈学社，在龙湖古寨南门边建韩祠祭祀韩文公，后来在韩文公祠的基础创办龙韩社书院。清雍正《广东通志》记载：“海阳县书院二，曰韩山……曰龙韩社，雍正七年知县张士琏修。”作为乡村书院的代表，龙韩社书院在省志中能与道属韩山书院同列，殊为不易。清乾隆二十四年（1759），时任惠潮嘉兵备道的梁国治主持了该书院史上最大规模的重修并题匾，龙韩社书院改称龙湖书院。1947年改办为潮安县第三初级中学，现为潮州市潮安区龙湖中学。

神无不在，居潮地偏隅，同瞻星斗；
信有独亲，接韩江一脉，遥溯渊源。

这是清代进士云梦知县，也是龙湖书院走出去的学子林良撰写的龙湖书院韩文公祠对联。这副对联正好道出龙湖书院创立的渊源。

苏东坡在《潮州韩文公庙碑》中写道：“始潮人未知学，公命进士赵德为之师。自是潮之士，皆笃于文行。”自韩愈刺潮兴办州学肇始，潮州崇文尚学风气盛极一时，从“此州学废日久”一跃成为“海滨邹鲁”的文化名邦，同时亦“延及齐民”，民间崇韩重教，书塾成风。龙湖古寨亦然。

商业发达的古寨里藏着书斋

龙湖古寨曾列入第一批“中国传统村落名录”，被誉为广东十大最美古村落之一，是潮州历史上最繁华的古村落，始创于宋，围寨于明，繁盛于清，荟萃了潮州所有民居样式，素有“潮居典范、祠第千家、书香万代”之美誉。龙湖古寨作为一个商贸中心集市，却非常重视教育。宋代时，注重文化教育的龙湖寨富家大户便在自己的房舍中设立书斋，聘请学识好的先生教授自家的子弟，俗称“一位先生教一个弟子”。至明清时期，龙湖的书斋迅速发展，其中既有富户人家设立的，也有以宗族名义创办的。全盛时全寨书斋数量不少于30处，可见当时文风盛极。

据《潮州府志》和《海阳县志》记载，有据可考的进士、举人，龙湖古寨历史上就出了69位，其中著名者有南宋探花姚宏中，明代福建布政使刘子兴，被誉为明代潮州前七贤之一的成子学，一门三科甲的夏建中、夏宏（子）、夏懋学（孙），一代名吏萧廷玉等。

龙湖中学的老师李林勇告诉记者，明嘉靖间的郡人饶相就描述当地人多以读书、经商为业，“惟弦诵贸易以趋事乐生”，正是在崇教重学之风盛行和商贸发达、经济繁荣的背景下，龙湖十五姓乡民共建书院，催生了龙湖书院的诞生。明朝嘉靖年间，龙湖乡贤福建布政使刘子兴、行太仆寺卿成子学等创建龙韩学社，在龙湖古寨南门边建韩祠祭祀韩文公，后来在韩文公祠的基础上创办龙韩社书院，在清雍正《广东通志》中，潮州海阳龙韩社书院是海阳县唯一与道属韩山书院同列的乡村书院。

“这是因为龙韩社书院的学田收入在广东书院中最丰盛，膏火丰饶。”李林勇老师带领记者一行来到龙湖书院大门左边墙上的一块碑刻面前。这块立于明天启二年（1622）的《龙湖合乡首举复洲控词记》记载，当时义冢牛

龙湖书院现存全貌，主体建筑为民国时重修

埔被郑姓豪绅强占，隆津都十五姓乡民控复义冢牛埔，以嘉靖《义冢帖文》为据，获分巡道周维京、潮州知府樊王家、海阳知县李宾批准，勒《龙湖合乡首举复洲控词记》。后来牛埔洲田六百三十七亩捐予龙韩社为学田，牛埔洲也改名龙韩洲，创办龙韩社书院，书院获得学田资助，才得以供给膏火，兴学育才。“初龙韩洲有学田六百三十七亩，后经过历代地方政府不断地勘丈、清查，龙韩社书院的田产一直持续增加，最后计有学田七百二十一亩六分一厘，亩征银三钱三分，计年征银二百三十八两一钱三分一厘。因此，龙湖书院田产之丰，膏火之饶，已然为广东书院之翘楚。”

据介绍，明清龙湖书院的学田收入主要用于四方面：一是韩祠祭祀，每月初一、十五书院都要祭祀昌黎韩文公；二是教师的脩金，就是给老师们的酬金；三是生徒膏火，就是发给学生的生活补助；四是宾兴津贴，就是给学生发放的赴省或进京赶考的费用。正是民间捐赠学田支持龙湖书院办学，才有清代书院掌教黄钊在《留别龙湖书院生徒》诗中写道：“海阳三十里，有乡曰龙湖。相传十五姓，先达多士夫。乡中建社学，讲贯环生徒。距今百余年，弦诵能不渝。”

雍正《海阳县志》隆津都图上标有韩公祠

《龙湖合乡首举复洲控词记》碑现立于龙湖书院南侧

“状元牌匾”与“世纪重修”

站在龙湖书院的大门口，最先映入眼帘的就是“龙湖书院”的门匾，这四字榜书显然有馆阁风。馆阁体脱胎于颜体，但又于颜体雄强之书风中加入温润隽永，自有其韵味。本地文化研究者、龙湖中学老师李林勇告诉记者，这块门匾虽然没有落款，但据他从多方面考证，是由清代著名书法家梁国治亲笔题写的。

梁国治（1723—1786），字阶平，号瑶峰，浙江会稽（今绍兴）人。乾隆十三年（1748）戊辰科殿试状元，累官至东阁大学士兼户部尚书，赐紫禁城内骑马，加太子少保衔，充《日下旧闻考》总裁官、《四库全书》馆副总裁。梁国治工诗文，善书法，曾被乾隆称赞“品学端醇，小心谨慎，扬历中外”，时人甚至称他是“清朝的颜真卿”。乾隆二十四年（1759），时任惠潮嘉兵备道的梁国治主导重修龙湖书院，亲匾“龙湖书院”于门，并手书苏轼《潮州韩文公庙碑》勒于石，撰文亲祭于韩祠，“龙韩社书院”始更名为“龙湖书院”。“我曾经查过梁国治的《丰山府君自订年谱》，里面确有记载：‘（乾隆）二十有四年己卯三十七岁：夏四月龙湖书院成，是年修葺并

手书苏子瞻所撰韩文公庙碑重勒于石，撰文亲祭于文公之祠。’因梁国治中过状元，我便称这块牌匾为‘状元牌匾’了。因为梁国治学问高、名气大，书法成就也高，龙湖古寨乡民又从龙湖书院门匾拓下‘龙湖’二字刻了两块石匾，分别嵌入龙湖寨南、北二门上。”李林勇如是说。

在龙湖书院现藏的文物中，与梁国治有关的还有著名的《杨寅时残碑》，由龙湖中学前校长李前进辨识并保存。该残碑是乾隆二十四年（1759）时任书院掌教杨寅时亲笔撰写的，记载了梁国治主持的龙湖书院历史上最大规模的一次重修，杨寅时在碑文中发出“居然又一韩山书院矣”的赞叹。

据李林勇介绍，这次大修是由时任惠潮嘉兵备道的梁国治、知府周硕勋、知县金绅发起的。这一年广东乡试每榜中举75名，海阳县仅4人中举，而龙湖书院就占了3个，可佐证鼎盛时期的龙湖书院的确人才济济。《杨寅时残碑》记载：“己卯乡科获隽者有黄鹏奋、李芳菲、黄一锦三人，而采芹者济济。”“值得关注的是，黄鹏奋和黄一锦是叔侄同榜中举。不过，更有趣的是，这次重修竟然起用了府仓大使朱栗为监修官，相当我们现在工程建

龙湖书院正门。龙湖书院现存匾额，经考证为清代状元、书法家梁国治所书

设的监理，可见这次重修的规模之大，这次重修也使龙湖书院形成最大规模的建制。”

根据史料记载，乾隆二十四年重修后的龙湖书院形成了四进院落格局。第一进为三山门，正门悬额“龙湖书院”，左右各两厢。第二进是讲堂，为讲学场所。第三进是以“韩文公祠”为核心的三层式楼阁。一楼是书院的祭祀场所，共分为三座：中曰文起堂，祀韩文公；左为景贤祠，祀唐进士赵德；右为报德祠，祀明副使周台石、知府樊忠虞、知县李六息、乡绅夏力庸诸先生等。二楼是文昌阁，悬匾“含章堂”，祭祀文昌帝君兼有藏书的功能。三楼为“奎阁”，即“魁星阁”，悬匾“吟远楼”，尊奉魁星爷。第四进为号舍，即生童居住之所。同时两翼还各有六楹三十八间平房，设有庭堂、廊庑、厨灶等，可供掌教、生徒日常生活起居之用。

除了状元牌匾之外，龙湖书院还收藏了不少历代碑刻。譬如崇祯三年（1630）《桑》字残碑，就是关于龙湖书院历史中有确凿年代最早的记载。“这块碑残缺了，前文找不到，碑的题目也剩下一个‘桑’字。我就把这碑命名为‘《桑》字残碑’。《桑》字残碑立于明崇祯三年（1630）孟秋，现存内容虽为全碑四分之一，却刻有明天启年间驻潮的道、府、县三级官员——‘太公祖周公讳维京，号台石，福建晋江县（今福建泉州晋江市）人，登乙未科进士’；‘公祖樊公讳王家，号忠虞，湖广潜江县人，登甲辰科进士’；‘父母李公讳宾，号六息，江西吉水县人，登壬子科举人’；‘崇祯三年岁次庚午孟秋立’等字样。碑文与府志记载龙湖书院最早在报德祠祭祀的三位官员‘明副使周台石、知府樊忠虞、知县李六息’一一对应。可以据此推演出书院建报德祠的时间是明天启二年（1622），至今已有足足402年。”李林勇介绍说，据清雍正《海阳县志·龙韩社书院》载，明崇祯三年（1630），龙湖书院学田曾被侵占。“曾为宦占，夏懋学等控复还，勒石垂远。”由此可见，《桑》字残碑应为夏懋学等为重新收复学田一事所立。

书院还竖立过众多进士和举人的旗杆石，譬如嘉庆元年（1796）武状元黄仁勇立的旗杆石。据《龙湖志》载，1927年书院重修时，曾将历代官员（进士以上）的旗杆夹基石移入院内，黄仁勇旗杆应该就是当时被移入书院的。黄仁勇，字良越，号智斋，海阳归仁都（今潮安古巷）人。乾隆五十七年（1792）中武举，嘉庆元年（1796），殿试一甲第一名，赐武进士及第，是古代潮州科举史第二位武状元，也是海阳县唯一的武状元。

李林勇告诉记者：“学校准备把这些历史碑刻收集整理，在书院的北面建设历史文化碑廊。你们下次再来，应该就能看到了。”

“书院楼”与“文起堂”

走进书院，绕过一座小照壁，就能看到整座书院的主体建筑——书院楼。书院楼是1927年时任县长林修在原韩文公祠旧址上重建的。据李林勇介绍，过去的韩文公祠是三层的木结构楼房，中为文起堂，祭祀韩愈。“为什么叫文起堂，就是出自苏东坡所撰的《潮州韩文公庙碑》，‘文起八代之衰，而道济天下之溺’，韩愈倡导文学复古运动，振兴自东汉八代以来的衰弱文风，提出文以载道，树立正能量的道德价值观念，为沉溺享乐的人们提供了有益引导。左边为景贤祠，祭祀潮州第一位进士、潮州八贤之一赵德天水先生，他协助韩愈治潮，是韩愈开化潮州的得力助手，一生都在致力于弘扬韩愈思想。右为报德祠，祭祀《桑》字残碑提到的三位官员，即明副使周台石、知府樊忠虞、知县李六息等对书院有功的官员和地方绅士。二楼原来为含章堂，也即书院的藏书阁。”

“龙湖书院讲堂”是潮州市潮安区传承利用书院文化资源，策划举办系列高端文化活动的一个新阵地、新平台

龙湖书院文起堂的门廊及其匾额和楹联

记者发现，书院楼一楼目前正在举办由李林勇等本地文化研究者策划和执行的“传承书院文化，赓续韩愈文脉——龙湖书院文化展”，文化展以书院历史发展时间为顺序，分为四大篇章，分别为“泰斗文脉——韩文公祠”“道属同列——龙韩社书院”“状元牌匾——龙湖书院”“书院蜕变——龙湖中学”，各篇章穿插韩祠、学田、格局、掌教、校史、校友六大板块。同时，将韩愈彩瓷雕像、龙湖书院铜钟、相关志书记载、书院教材、掌教文集、学生档案等与龙湖书院有关的历史文物进行实物展览。

从零开始整理校史并非易事，身为龙湖中学物理教师的李林勇在平日的教学工作之外，利用休息时间收集资料，他为此耗去数年时间。“我在这里读初中、高中，大学毕业后又回到这里当物理老师，我跟这所学校有着深厚的渊源，我觉得让世人了解母校的前世今生是我的责任。在整个收集资料和策展过程中，我仿佛穿越时空，跟当时的先贤对话，这对于我来说也是一种享受。”

“譬如在古书院蜕变成新中国的公立中学过程中发挥了重要作用的先贤林修。”李林勇告诉记者，林修字成添，号一足，潮安龙湖古寨人。他曾参

加武昌首义，自断一足以励士气，故自号一足，两任潮安县县长，两修龙湖书院，首任时倡修龙湖书院，于1927年建成二层书院大楼；再任时，于1947年11月28日创办潮安县第三初级中学，简称“潮安三中”，后称龙湖中学。“所以我们现在看到的具有民国风格的楼层建筑就是林修当时主持修建的，书院楼历经90多年的风风雨雨后，2022年在各级各有关部门的重视和支持下，龙湖中学校友李慧智先生捐资200万元，陈树坤先生捐资50万元，完成加固修复，圆了所有龙中学子期盼书院楼重焕光彩的文化之梦。”

名满天下的掌教们

书院掌教，又称山长、院长，是古代书院的行政首领兼教学主讲，是一座书院的学术灵魂。掌教的文化水准能够衡量一座书院的整体教学水平、运作情况。作为民间办学的乡村书院，龙湖书院掌教多数由州府，甚至由道台直接聘请，这在古代岭东乡村书院中是绝无仅有的。

有史可考的龙湖书院九位掌教中有进士五名、举人三名，他们分别是杨寅时、杨天培、龚元玠、项粹斋、邱步琼、黄兆荣、黄钊、张树勋、邱建猷等。在众掌教之中，名气最大的莫过于龚元玠。龚元玠（1716—1796），江西南昌人，字鸣玉（又字缘山），号畏斋，是清中叶闻名的儒学家。乾隆十九年（1754）甲戌科进士。乾隆二十七年（1762），来潮掌教龙湖书院，亲订学规。次年改主讲韩山书院，亦订立《韩山书院学规》（现存于《畏斋文集》）。能请到龚元玠此等人物为掌教，可见当时龙湖书院整体教学水平之高。

此外，清道光元年（1821）执掌龙湖书院的黄钊也值得一提。他生于苏州，嘉庆二十四年（1819）举人，曾供职于京师国史馆、文颖馆，是晚清岭东的诗人、教育家、方志学家。其代表作《史响》一书，是现存唯一的清代龙湖书院教学讲义。

据李林勇老师透露，《史响》是校友在美国哈佛大学图书馆找到的。“我们看到的是《史响》这本书的影印本，其扉页钤有‘哈佛大学汉和图书馆珍藏印’，即现存于美国哈佛大学汉和图书馆。钤有‘中山氏藏书之记’，可知又经日本东洋史学者中山久四郎（1874—1961）收藏。”记者在《史响》的《序》中看到如下文字记载：“岁壬午（即道光二年，

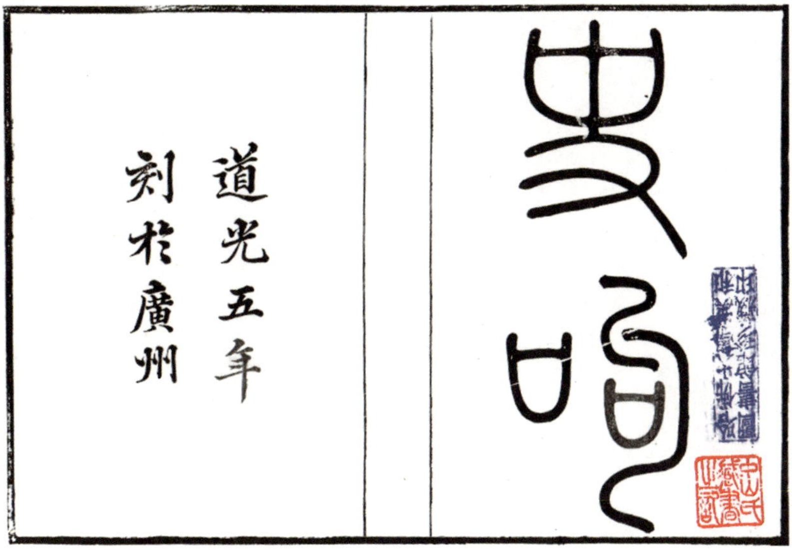

龙湖书院掌教黄钊著作《史呴》，是仅存的清代龙湖书院教学讲义，现藏于美国哈佛大学图书馆

1822，——编者按），余主讲潮州海阳之龙湖书院，与诸生谈艺之暇，间及史事。举其要者参以己，说得一百九十余条，录而存之。”可见，这正是黄钊掌教龙湖书院时的教学讲义，他把生徒八股文考试中论说时政的策论里的史学观整理成稿，共一百九十余条。作为古代科举考试辅导资料，这本讲义自然备受学生欢迎，大家争相传抄，并得以在顺德付诸剞劂，印刷出版，流传至今，也成为龙湖书院的重要史料之一。

清乾隆八年（1743）

揭阳知县张熏购买贡生许之翰的别墅地6.9亩及房屋18间，改建成榕江书院

清乾隆三十二年（1767）

揭阳知县刘业勤在榕江书院后空埕建奎光楼，有上下厅房14间及两旁房屋6间

清乾隆四十一年（1776）

刘业勤买书院相邻民房扩建院舍，增辟射圃，增设武院部，于是榕江书院始有文武两部

清光绪三十年（1904）

改称榕江学堂，分设榕江高等小学堂及榕江师范学堂

公元1914年

改为揭阳榕江中学，并呈教育部备案。学制四年，每年秋季招收丰顺、普宁、潮阳、惠来等县新生100名左右，为岭东最高学府之一

公元1925年

揭阳榕江中学改称揭阳县立中学

公元1930年

建成中山纪念堂、东西两铭、教室楼、办公楼，将原奎光楼改建为藏书楼，并改称揭阳县立第一中学

公元1949年

揭阳解放后，揭阳县军事管制委员会接管揭阳第一中学，县长杨世瑞兼任校长

榕江书院

曙院书声树桃李

奎楼万紫又千红

走读导赏

书院Vlog

位于揭阳市榕江之畔的揭阳第一中学老校区，与周围建筑相比显得卓尔不群，其前身即榕江书院

榕江书院，地址在榕城城西魁元坊，北濒榕江北河，即今揭阳市榕城区北环城路中段。现为揭阳市市属重点中学揭阳第一中学。

榕江书院创建于清乾隆八年十月廿二日（1743年12月7日），知县张熏购买贡生许之翰的别墅地6.9亩及房屋18间，改建成榕江学院。乾隆三十二年（1767），知县刘业勤在院后空埕建奎光楼，有上下厅房14间及两旁房屋6间。

乾隆四十一年（1776），刘业勤买书院相邻民房扩建院舍，增辟射圃，增设武院部，招武生练武习射。自此，榕江学院文武两部并立。其时全院占地面积1058方丈，建有房舍155间，膳厅厨房1座，方池榭亭多处。

清朝末年，废科举，兴学堂。榕江书院于光绪三十年（1904）改称“榕江学堂”，分设“榕江高等小学堂”及“榕江师范学堂”。民国三年

（1914），经时任县长施文雍呈报教育部备案，“榕江学堂”改为综合四年制中学，称“揭阳榕江中学”，与金中、韩师并称岭东最高学府。民国十四年（1925），“榕江中学”更名为“揭阳县立中学”，为学制三年的初级中学。民国十九年（1930）建成中山纪念堂、东西两铭、教室楼、办公楼，将原奎光楼改建为藏书楼，并增设高中部，成为一所“三三制”（初中和高中各三年）中学，命名为“揭阳县立第一中学”，“揭阳一中”的称谓始于此时。1949年揭阳解放，揭阳县军事管制委员会接管揭阳第一中学，县长杨世瑞兼任校长。1953年被确定为县重点中学，1958年更名为“揭阳县第一高级中学”。1992年，揭阳撤县建市，揭阳一中成为市属中学，1993年被确定为市重点中学。

围绕着书院的那巷、那桥、那人

榕江书院旧貌虽然已不复存在，但书声依旧琅琅。如果要缅怀当年，只能去看看揭阳一中的校史馆，或者是在揭阳一中老校区围墙后面触摸当年留下的依稀痕迹。

揭阳一中原副校长林杰辉专注校史研究工作多年，在他的带领下，记者一行来到揭阳一中老校区的围墙后面，找到了那座榕江书

榕江书院旧制不存，仅存的照壁也已残破

院当年的照壁。照壁只是一面破旧不堪的老墙，泛黄发黑，当地很多居民都不知道这面墙的来历。林杰辉指着照壁说："仔细观察，那上面还有一点花纹，但已经残破不堪了。照壁正对的就是榕江书院当年的大门，那座大门原来在揭阳一中老校区的围墙里，也早已拆除了。"

榕江书院虽然留下的痕迹不多，但其影响却相当深远。譬如书院旁边有条巷子就取名"书院巷"，巷子长130米，宽不足2米，地上铺着青石板，以前学子们都是背着书囊从书院巷走来上学的。

书院巷还连接着一座书院桥，只见上书有"书院桥"三个大字。据《榕城镇志》记载，当年的书院桥长3.7米，宽1.75米，在城西，系石板桥。"书院桥现已经被改造成有护栏和顶篷的廊桥，方便过往群众避雨、纳凉。"林杰辉介绍说，"桥的两边原来是有小溪流的，年代久了，溪流消失了，现在两边都建起了房子。"

除了书院巷与书院桥，周围以榕江书院命名的建筑物还有不少，譬如书院老人活动中心，甚至书院古庙，可见书院文化在这里已经深入人心。

费银一万三千两扩建，"书院八景"盛名在外

虽然书院旧观今已不存，但是当年揭阳县令刘业勤曾撰写《榕江书院记》，记述了榕江书院的建设过程和书院景观。

书院桥

“榕江书院”石匾（资料图）

刘业勤在《榕江书院记》指出，清乾隆八年（1743），前任知县张熏在城西购买土地筑起精美的学舍，这就是“榕江书院”。但是它的规模狭小，显得简陋，而且屋檐弯曲，屋栋脱位，崩塌现象逐日严重。乾隆丁亥年（1767），他于公余时间常来这里，因喜爱这里环境优美，且考虑到不要废弃前人的辛劳，所以决定重修书院，将其规模扩大之余，还动工建起“奎光楼”。

改建后的榕江书院景观在刘业勤笔下是这样的：“楼上北牖洞开，近而玉窖风帆，远而黄岐云树，若接几席。楼之东旧有古坎，拓而浚之为池。暗穿城濠，以通潮汐。中植芙蕖，花时清芬彻四座。山闯睥睨，送青入碧。巨石岭㟏，如呀、如呕、 如蹲、如舞，不一状。池前筑方台盈丈，凹小沼畜文鱼。稍上为‘漱芳亭’。回廊环绕，迤逦纡徐，以夷犹散履。转而南为‘蓬岛观澜厅’，下为‘乐此亭’。亭前凿鉴塘半亩，外罗海石为假山。 崟嵚玲珑，有老杜‘三峰出群’之慨。下洼为‘饮虹涧’，活水虢虢循其隙，乃渡以略彴，荫以茂林，游其间者，如入洞天。然院四隅，轮奂交缪，甍雀瓦鸳，矫首比翼。”

这段话翻译成白话文的意思是：楼上北面开着大窗，近景如榕江北河的风帆，远景如黄岐山的云树，好像都被引到茶几和坐席上来。楼的东边旧时有一处坑洼，把它扩大成池塘，凿有涵道暗连城濠，潮汐相通。池中种着芰荷，花开时清芬四溢。稍斜视就见小山扑入眼帘，把绿色融入碧水，巨石歪歪扭扭地屹立着，那形状像张开大口，又像在歌唱，像蹲着，像在跳舞。

池前建一方台，上边凹成一小池，里面养着金鲤鱼。方台稍上边是“漱芳亭”，有走廊环绕着，曲折绵延、弯曲平坦，可供人从容散步。转向南面是“蓬岛观澜厅”，厅下是“乐此亭”。亭前挖有半亩宽的池塘，像摆着一面镜子。池塘外边罗列海石，堆成假山，高耸玲珑，令人有杜甫的“三峰出群”的感慨。山下的小水坑是“饮虹涧”，活水沿着空隙处哗啦啦地流着。涧上架着简陋的独木桥，被茂密的树遮荫着，在这里游赏就像走进神仙洞府。院的四角，美轮美奂交织着雀形的甍和鸳鸯瓦，它们都翘首比翼，构成壮观的图画。

由此可见，书院的景观与规模皆远胜于昔，难怪它在刘业勤眼里成了“敬业乐群宝地”，有助于学生们明心养性。他又想到彼时朝廷倡导文武并重，于是又买了与书院相邻的许氏土地继续扩建院舍。譬如再建了两座厅

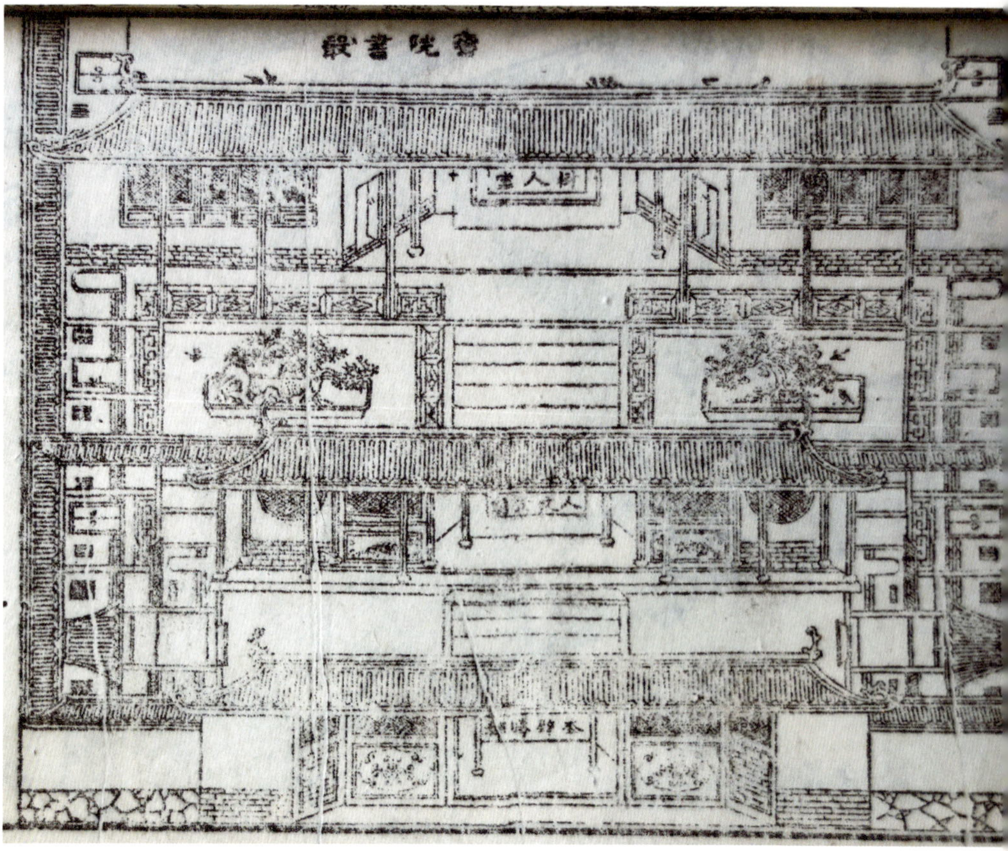

揭阳县志中的榕江书院八景之一“曙院书声”

堂，规模不如原来的“树人堂”和“人文宣朗堂”。东西各建宿舍50间。堂后是园圃，建“停云亭”，树木和石头交相掩映，景致颇优美。外面是圆门，门外围墙顶上盖着雨檐，绕园一周。下面挖凿数亩宽的方形池，亦引入潮水，终日呼嗡作响。池四周种有花卉，还有桃树和柳树。中间是“飞跃灵机亭”，前面有平台，栏杆画着美丽的图画，亦漆得光彩照人。池的四壁用砖砌出各种图案，非常缜密精致。俯身细看，可看到一群鳊鱼和鲤鱼，时出时没，悠然自乐。西边是射箭场，建有“观德亭”。两行苍绿的幼竹挺立着，仿佛千万种景致和情韵都蕴藏其中。

经过刘业勤的苦心经营，书院前后两院面积共1058方丈，有宿舍155间，膳厅厨房完备。这次的扩建一共花费13 000多两白银。

而《揭阳县志》记载，当时书院内有“奎楼览胜”“蓬岛听泉”“曙院书声”“芳庭挹翠”“嘉树停云”“射亭竹韵”“方池鳞跃”“曲沼荷香”等，合称“书院八景”。书院规模壮丽，在潮汕首屈一指。

书院教学：谙熟六艺，教化遍及千里

当年书院的教学如何呢？林杰辉介绍说，刘业勤在乾隆年间撰写《榕江书院记》时曾记载此事：“既落成，考取肄业生童百十人，附课二百余人。”当时分设“生童”和“附课”（即秀才预科及生童预科）二级，学制无定，考上庠生（秀才）方为毕业。故生徒中有十几岁的青年，也有五六十的岁老人。

当时任直隶总督的揭阳人郑大进闻知刘业勤两次扩建书院的盛举，曾亲作《榕江书院记》寄回揭阳，盛赞刘业勤助田育士、重教诲、兴儒学的功绩，称他在揭阳的业绩，超过以往任何一届县令。

郑大进在《榕江书院记》里提到，刘业勤捐出俸银做膏火钱，聘请名儒做教师，启迪生童的才智，并给讲堂题名“树人堂”。不但如此，他自己公余时间也到书院教导生童读书研究讨论经义，言传身教，像对自家子侄一样。近邻各县的学子都背起行李慕名来这里求学。此外，刘县令还在书院两侧建新书院来培养武举人才。郑大进慨叹：“我在外做官，足迹遍及半个天下，见到各地方书院的创设，大都沿袭旧观念，把它看作赘疣一样，要不就任生童在这里嬉戏游乐。这无异于让原藏于山谷中的珍宝，任人摘落坠地。

揭阳一中校史馆内的清末“揭阳县学堂”旧匾

还未有人像刘县令这样仿照四大书院的办学规则培育当代人才，谙熟六艺，教化遍及千里！”

林杰辉表示，光绪三十年（1904），“榕江书院”按清政府颁发的《钦定学堂章程》改为“榕江高等小学堂”和“榕江师范学堂”，合称“榕江学堂”，又统称“揭阳县学堂”（由揭阳县令虞汝钧题匾）。前者为小学高级部，学制八年，课程有国文、修养、社会、自然、史地、化学、几何、三角、代数等；后者为初等师范学堂，学制五年，招收高小毕业生或师塾优秀生就读，课程除基础学科外，又有伦理学、生理学、心理学和教育学等，还设有军事体育课。学校有80条毛瑟枪，由军事教员教授学生射击。因为当时教的是“新学”，除了揭阳县，潮阳、普宁、惠来和丰顺等县的学生，也纷纷负笈远来求学。

1914年秋，经县长施文雍呈报教育部备案，“榕江学堂”改为综合四年制中学，称“揭阳榕江中学”，每年秋季招收揭阳及邻近几个县（丰顺、普宁、潮阳、惠来等县）的新生100名左右，与金中、韩师并称岭东最高学府。课程有修身、国文、英文、史地、数学、博物、理化、法制、经济、图画、手工、音乐、体操。当时的“榕江中学”在教材和师资方面做了改革，教材除国文和伦理外，其余均采用国外英文原本；教员中不少是归国的留学生或回乡的华侨知识分子。一批潮汕地区早期的共产主义者在这里成长成才。

名人辈出的“红色一中”

榕江书院历经二百多年，可谓人才辈出。林杰辉介绍，譬如榕江书院山长林济川，他是清道光十九年（1839）副贡，因为父亲年老乞归，居家后一心教导后进。其诗书俱佳，私塾有自书联：“自今日传读书种子，愿尔曹为名教完人。”

还有一位曾述经山长也是声名在外。他是举人出身，自幼聪颖，在光绪十四年（1888）与三弟曾习经一起被选送进广州广雅书院，受业于当时的山长梁鼎芬门下，与梁启超同窗，参与了康有为、梁启超发起的“公车上书”。后来被其师梁鼎芬聘为《广东通志》分纂。“学完行高，笃于孝友，接物和而持守甚介，官虽不达，而教泽遍于人”，是对曾述经一生的最好评价。

20世纪初叶，到榕江学堂任教的，既有进士、举人，又有留洋归来的新型知识分子。其中有名儒柯树人（举人）、郭玉龙（举人）等，有岭东著名学者陈朴庵、吴青民等。曾在榕江中学任英文部主任的杨嗣震于1921年在日本早稻田大学留学时参加中国共产党，回国后曾协助彭湃搞农民运动，后任周恩来秘书。在学校任教期间，他负责校刊《榕声》的出版工作，经常撰写文章，宣传马列主义，传播革命思想，并培养江明衿、许涤新等一批进步学生。中国杰出的地质学家、中国科学院资深院士杨遵仪也于1926年在揭阳县立中学当过英语教师。他早年毕业于清华大学，1952年参与创办北京地质学院（中国地质大学前身）并长期任教，还当过国务院原总理温家宝的老师。在杨遵仪百岁生日时，温家宝亲笔致信祝贺，他在信中说“47年前您是我的老师，今天您仍是我的老师”，并高度评价了杨先生为中国地质科研和教育事业所作出的贡献。

林杰辉还谈道，学校素有爱国传统，在榕江书院乃至后来的学堂、中学等不同时期，师生们以“天下兴亡，匹夫有责”的使命感，关注国家民族的命运，在读书报国的道路上前赴后继。辛亥革命时期，榕江学堂的军事教员黄士杰是揭阳同盟会的首领之一，榕江学堂设有据点，有同盟会员11人，他购置80条毛瑟枪教学生射击。1911年辛亥革命爆发，他带领学生“洋枪队”包围知县衙门，驱逐知县，光复揭阳，黄士杰也被推为“民政长”（县长）。1919年，“五四”运动爆发，榕江中学学生杨石魂、方临川被选为岭

今日揭阳第一中学校门

东学生联合会的正副会长，作为学生领袖领导岭东地区的学生运动。1926年周恩来带领东征军到揭阳，在揭阳学宫接见了榕江中学学生江明衿、谢培芳等，勉励他们联系群众，发展党团组织，壮大革命力量。后来他们都为革命英勇献身了。抗战时期，揭阳一中很多青年学子投笔从戎，学生蔡耿达任汕头工委书记，带领游击队打击日寇，后因叛徒告密英勇牺牲……彼时的揭阳一中俨然成为粤东地区革命的播火点。“一批批师生‘甘洒热血写青春’，熔铸成揭阳一中的校魂，揭阳一中也被誉为‘红色一中’。”

林杰辉告诉记者，一所学校有280年的办学历史，这是一种厚重的文化积淀。“我觉得榕江书院有两种精神非常值得我们传承，一是敬业精教、治学严谨的精神，二是爱国勤学、成才报国的传统。从书院、学堂、榕江中学开始，我们就一直非常注重爱国主义教育。现在时代不同了，一个时代有一个时代的使命，但是读书报国的精神不变。”

“从榕江书院到揭阳一中，莘莘学子更应该立足当下，学好文化，为实现中国梦贡献青春的力量。文脉绵延，薪火相传，这种文化的传递不会湮灭，弥足珍贵！”林杰辉说。

明隆庆四年（1570）

澄海县令蔡楠倡议在冠山北麓建设澄海县第一座书院，书院落成后蔡楠亲笔题书匾额“冠山书馆”，且自任山长

清光绪三十一年（1905）

冠山书院改名为考亭小学堂

公元1959年至1984年

冠山书院曾先后改为上华农业中学、冠山初级中学、澄海县工农中学、澄海县上华人民公社中学、澄海县上华中学、澄海县上华农业职业中学等

公元2017年

澄海区委区政府对冠山书院及所在神山风景区进行以“冠阳福地，文化澄海”为主题的冠山书院景区整体规划设计

冠山书院

神山环翠开生面
文运亨昌育彦才

走读导赏

书院Vlog

俯瞰下的冠山社区与冠山书院，重现“院堂一鉴”胜景

冠山书院位于汕头市澄海区澄华街道冠山社区神山北麓，始建于明代隆庆年间，由当时的澄海知县蔡楠带头捐建。书院建成后澄海兴起了崇文尚教之风，经历代接力维护，至今保存众多具有人文价值的历史胜迹。2019年，冠山书院被公布为广东省文物保护单位。

只架山堂欲著书

冠山书院所在的冠山，澄海当地人称为“神山”。据清康熙《澄海县志》载：“（神山）去城西北十里下外莆都冠陇寨内，高十一丈，周七百余武，较澄邑诸山，最为低小。然峰壑幽邃，草树荣敷，实甲他山。”冠山被誉为澄海古八景之一，名曰“冠山环翠”。

明隆庆三年（1569），澄海县第三任县令蔡楠走马上任，因澄海置县初期，县城未建，蔡楠便选择冠山东麓作为议政之所。公暇之余，他于山林之间漫步，顿觉山上奇峰怪石，曲径通幽，景致独特。蔡楠遂赋《神山纪游》一首：

薄宦游来二载余，
樗材长是峦山居。
神峰不比终南地，
只架山堂欲著书。

“神峰不比终南地，只架山堂欲著书。”一语道破蔡楠兴文重教的心事。诚然，冠山文脉的种子早在北宋时期就已种下。熙宁元丰年间，潮州八贤之一的北宋名臣卢侗以“太子中舍人”致仕归乡，于冠山下龙潭畔结庐读书，潜心研究《周易》。在易学名家卢侗看来，冠山乃莲花山余脉尽地表处，韩水毓秀，山脉精华凝聚，于此难得的“天造之地”读书著述，不亦乐乎。

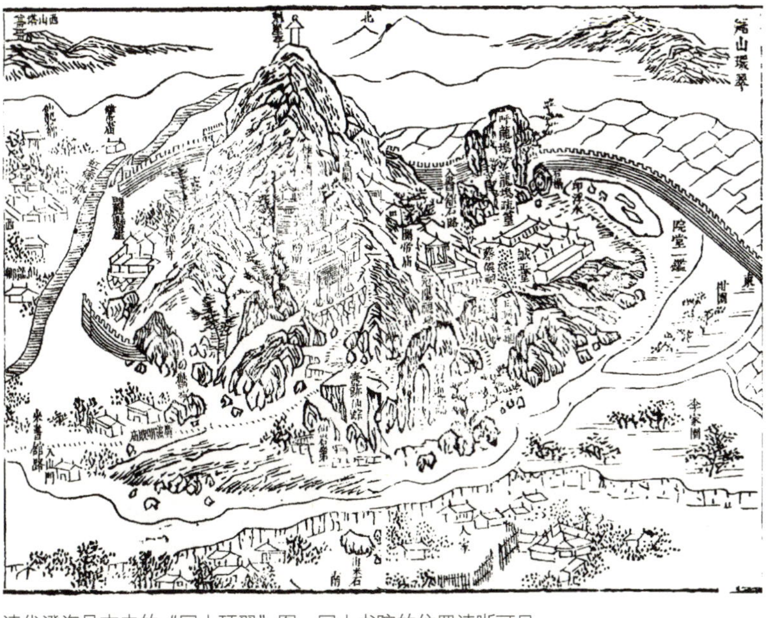

清代澄海县志中的“冠山环翠”图，冠山书院的位置清晰可见

明代程大道等编撰的《神山全集》记载，明隆庆四年（1570），钟爱神山的蔡楠倡议在北麓建设澄海县第一座书院。为了筹集资金，他还带头捐出了自己的俸禄，乡中缙绅见此也都纷纷慷慨解囊，群策群力下，不到一年时间，书院落成。蔡楠不但亲笔题书匾额“冠山书馆”，而且自任山长，集众士子讲学于此，为澄海开创了一处“释奠习礼之地，兴学育才之所”。明福建布政使海阳刘子兴曾作《冠山书馆碑记》称:“环封士庶，无论遐迩，咸熙熙向往，思慕德教之成也。”可见，冠山已成为当时澄海的政治文化中心。

蔡楠亲笔匾额早已湮没，只余书院右侧山边的“攻玉”石刻及三十二字铭文或可窥其书法修养与造诣。“攻玉铭”曰:“有物于此，璧则完而，取之砻之，质则珍而。三人同行，我则师而，不善改诸，德则新而。”一言以蔽之，借他山之石琢磨此处璞玉，这便是蔡楠创建冠山书院之初衷。

亦步亦趋追鹿洞

书院背靠神山，坐南向北，初建时即为三进格局，门前辟有红叶池，书院与神山风光倒映池中，构成胜景，正是世人称颂的“神山十景”之“院堂一鉴”。院内前厅设讲堂，为生员学习之所，后堂建考亭祠，祀宋代理学家朱

冠山书院旁的“攻玉”石刻，是书院创始人蔡楠手笔

位于汕头市澄海区澄华街道冠山社区神山北麓的冠山书院正门，其建筑较好地保留了明清古建筑的风格

熹。万历三年（1575），乡民感念蔡楠德泽，在后堂增设蔡侯祠崇祀。

随后四百多年间，书院几经兴废，多次修建，经历代接力修护的冠山书院如今是一座单层硬山顶土木结构建筑，占地面积约1400平方米，坐西南向东北。书院共三进，中轴线为头门、天井、中厅、后堂；中厅面阔三间，进深三间，为抬梁式构架，厅中祀有理学家朱熹塑像；天井及中厅两侧有通廊及庑舍可通往后堂，中厅和后堂的木质扇门上留存了大量的诗词书法作品。该书院较好地保留了明清古建筑风格，书院的碑记资料，历代文人墨客留下的诗文、题匾、镌刻，都是珍贵的历史文化遗产，其中书院的“三山门”、山门横匾“冠山书院”及石门联均为清代石刻，饱含历史底蕴，对研究潮汕古建筑形制、用料，研究澄海文化及书法、篆刻艺术都具有较高的价值。

据冠山社区工作人员周旭涛介绍，山门横匾“冠山书院”四字及门联皆为清乾隆年间重修时里人蔡祖坤撰联并书。“匾额‘冠山书院’的‘冠’

就写得不落俗套，属异体字，而这副著名的对联‘礼门辟冠山，亦步亦趋追鹿洞；道岸登澄水，为高为美溯杏坛’，立意高远，彰显了建冠山书院的目的——它要追随全国著名的白鹿洞书院，溯源孔子讲学的杏坛。当时主持重修的知县还在神山建魁星楼和及第石塔，与书院遥相呼应。”

作育英才昌文运

书院的左侧有一方石碑，上刻《冠山书院主题公园碑记》，为2017年底书院主题公园建成时所立，撰文者为澄海籍著名语言学家林伦伦教授。数百字碑文中让记者印象最深刻的莫过于“经朝历代，作育英才，文运大昌”。

此言非虚，书院甫一落成，澄海建县后第一位进士便出现了，此人就是张会宗。张会宗，字于震，号澄江，于隆庆五年（1571）春会试登进士，授太常寺博士。因为澄海置县于嘉靖四十二年（1563），至张会宗登第，算是澄海置县后的第一个进士。故隆庆皇帝御笔匾额“澄海初开”，以记荣耀。张会宗为人刚正不阿，“以不附权柄迁兵部主事，督武学，出守台州六年，调岳州为守，廉平简易，好与民兴利”。总而言之，冠山书院的出现带动了当地教育科举，文风日渐鼎盛。仅万历元年（1573）至崇祯三年（1630）五十余年间，冠山乡考取功名的就有二十多人。随着教育和科举的发展，冠山形成一个具有相当规模的绅衿阶层，而同乡甚至同宗的亲缘关系又增强了这个阶层的凝聚力，扩大了影响力。比如贡生周宗道是进士周宗礼之兄，贡生张志可是举人张凤翼之父，贡生李日炜与举人李日荣、李日烜是兄弟，而举人李景钟又是李日荣的孙子。

在众多冠山学子中，于清道光年间出任冠山书院山长的许瑶值得特书一笔。许瑶（约1810—1890），字澄斋，澄海县冠山人。少年时以老成持重、好学不倦、尊师重道称誉乡里。清道光年间庠生，后无意仕途，专心研究学问，遂成为有清一代著名理学家。广东提督学政李文园到潮州时，曾专程登门拜访，尊为理学宗师，当时读书人醉心于八股文，以求博取功名，竟不知理学为何物，而许瑶研究理学竟至废寝忘餐，年逾八十仍设馆于西园，授徒讲学。其门人曾撰诗赞曰：“南宋迄今七百年，冠山一老接薪传。遐龄已度钓璜后，好学还居瞻竹先。”许瑶的主要著作有《论语集说》《大学看读》

《孟子摘要》《史鉴当知录》《西园尺牍》等。

而为后人留下系统介绍神山的著作《神山全集》的冠山书院学子、晚明诗人程大道，其才气亦不遑多让。据当地文化爱好者周喜铭介绍，《神山全集》称得上是神山的百科全书，它记录了胜概、建置、艺文、诗歌、祀典、题名等有关神山及冠山乡的历史文化。“明代的刻本今已不存，只有后人传抄再增添的抄本《神山全集》，而且抄本也出现了几个不同的版本。”

读书之乐乐无穷

澄华街道冠山社区工作人员卢曼函向记者介绍，冠山书院建成距今已有450年历史，有着深厚的文化底蕴。冠山书院建成后，长期作为文化教育场所。书院一直办到清末1905年，改为小学堂。1959年至1984年，书院曾先后改为上华农业中学、冠山初级中学、澄海县工农中学、澄海县上华人民公社中学、澄海县上华中学、澄海县上华农业职业中学等。2017年，澄海区委区政府对冠山书院及所在神山风景区进行以“冠阳福地，文化澄海”为主题的冠山书院景区整体规划设计。书院周围打造有芳春台、槐夏台、素秋台、玄冬台、辩学苑、听风圃等六大景点，门前的红叶池清除了淤泥，新建了入

冠山书院梁柱间的鳌龙装饰，有独占鳌头之意

冠山书院后堂

口牌坊，正反面两侧分别题有“冠阳福地”“鹅湖重见”。其中，“冠阳福地”复刻自神山地藏阁前的巨形石刻“冠阳福地”，乃冠山书院学子、明代书法家程大道手笔，而“鹅湖重见”则为已仙逝的国学大师饶宗颐于九十高龄时所题。冠山书院焕然一新后，赓续传统，成为新时代讲学、读书的人文胜地。

记者当日所见，前来冠山书院的游人不多，三三两两，结伴而来，兴之所至，或于展览前驻足，或于讲学厅中小坐。一位带着两岁多小孙子的老人引起了记者的注意，老人告诉我们，“生囝唔读书，不如饲大猪”，当地人都喜欢来这里沾染一些文气。

同样的话，林伦伦教授也说过。他曾经表示，澄海人的读书蔚然成风、人才辈出，得益于冠山书院良好学风的滋养。“我读高一时（1973年）的上华中学就在神山之侧，冠山书院就是我们的饭堂和体育活动场所，神山上还有魁星庙，祀文曲星君。这书院、魁星庙，是澄海人崇尚读书、崇拜读书有成者，也就是重视文化教育、崇拜文明习俗的物质和精神寄托所在。魁星庙虽然破败不堪，但我们还常常去玩。也许，就是这一年在这凝聚了几百年文气的地方浸泡过，才使我身上也沾了些须读书的灵气和才气。”

神山地藏阁前的巨形石刻“冠阳福地”

冠山书院中厅的朱熹塑像与先贤语录木雕门

夏至将至，漫步冠山书院，仿佛仍能听到院中书声琅琅，能闻到墨韵飘香。来时曾瞥见山门的门扇上刻录着南宋诗人翁森的《四时读书乐》。该诗曾于民国时编入中学国文教科书，是流行一时的劝学诗。诗中把一年四季都视为读书的好时光，勉励人们勤奋读书，积极向上。其中劝喻夏天读书的诗句曰“读书之乐乐无穷，瑶琴一曲来熏风”，夏天读书，就如同沐浴在和暖的南风里，用瑶琴弹奏心爱的曲子，不亦乐乎？

清乾隆十一年（1746）

嘉应知州王者辅在任内创建东山书院（现属于梅州市城区）

清光绪二十九年（1903）

著名爱国诗人、外交家黄遵宪筹资修复东山书院并改为东山初级师范学堂，次年改为官立

公元1913年

梅县各界进步人士和师生在东山书院旧址上创建私立东山中学，开创了梅县教育事业的新纪元

公元2004年

梅州市委、市政府重修东山书院，次年完工

公元2008年

东山书院被广东省人民政府公布为第五批广东省文物保护单位

公元2021年

东山书院被列入“十大岭南书院”建设名单

公元2023年

东山书院被列为广东省不可移动革命文物保护单位

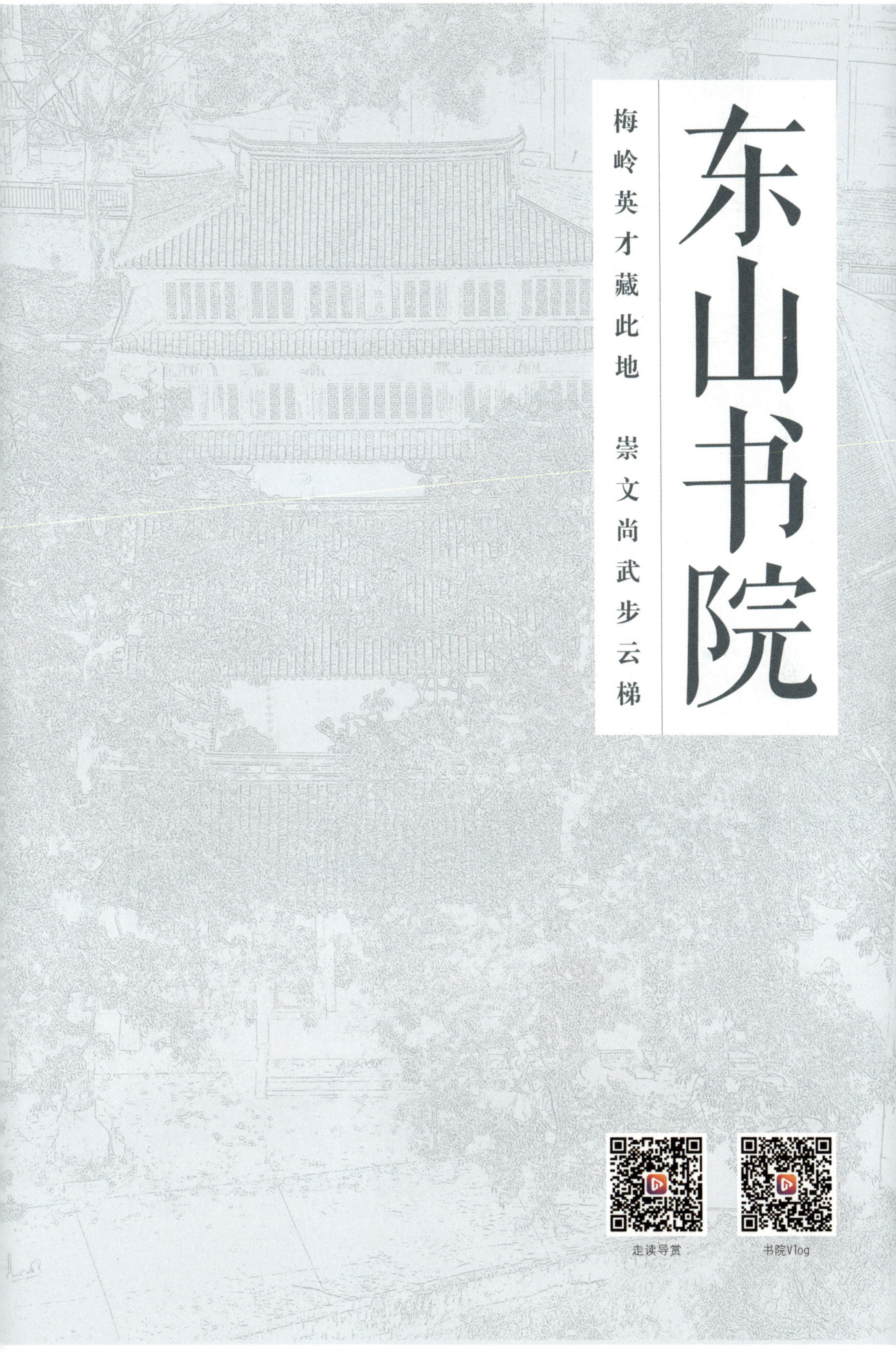

东山书院

梅岭英才藏此地　崇文尚武步云梯

走读导赏

书院Vlog

梅城江北东山小溪唇，清乾隆十一年（1746），嘉应知州王者辅任内在此创建东山书院（现属于梅州市城区）。同治四年，毁于兵火，光绪二十九年（1903），著名爱国诗人、外交家黄遵宪筹资修复并改为东山初级师范学堂，次年改为官立。1913年，梅县各界进步人士和师生在东山书院旧址上创建私立东山中学，开创了梅县教育事业的新纪元。

书院前临周溪、状元桥，背倚东山岌，旧址为三进四合院式布局，坐东向西，占地面积1252平方米，中堂面阔三间，进深三间，抬梁式梁架结构。晚清著名书画家黄基题书“东山书院”。东山书院旧址作为国家历史文化名城梅州的标志性建筑，是研究客家古书院式建筑的珍贵实物史料，体现了浓厚的崇文重教的客家文化。

“百花洲尾齐州寺前，此地出状元”

东山书院的初建，源于宋代的一句古老谶言。据传南宋官员王象之来到梅州之后，在《舆地纪胜》中留下了这样一句话：“百花洲尾齐州寺前，此地出状元。”当地客家人听闻大儒这句话喜出望外，立马集资修建一座“状元桥”。

如今东山书院的大门，除了晚清学人黄基题写的门匾，还有“东山桃李绿，书院状元红”的大字楹联

当地的“状元桥”

为什么客家人会特别重视这句话呢？东山书院院长李月云向记者解释道，梅州是客家人聚居地，历史上客家人从中原迁徙而来，作为汉民系的一支，客家人延续耕读传家的传统，文化基因里崇尚华夏正统，因此当地风气崇文重教，文风鼎盛，人们普遍信奉“万般皆下品，唯有读书高”，梅州人修建状元桥，寄托了当地人希望早日出状元的美好愿景。

遗憾的是，有了状元桥，几百年来梅州却没有走出真正意义上的文人状元。直至乾隆九年，安徽天长县（今安徽滁州天长市）的王者辅到嘉应州任知州，来到状元桥实地了解后说道：“此地果然不错，是风水宝地，人杰地灵，必出状元无疑。”当地人马上反问这位新任知州：“知州大人您初来乍到，就说我们这里必出状元，那为什么我们状元桥修了好几百年，都没有培养出真正的状元呢？”这时，王者辅便提点来人说：“这里依山傍水，风景独好，明明是读书的好地方，你们却光修了状元桥，没有修书院，怎么会有状元呢？一定要先修书院，延请名师，名师带出高徒，才有高徒去角逐状元。”于是，书院在他的倡议下开始兴建，因这里倚靠东山岌，故名为东山书院。

东山书院正门，门口有三棵木棉树

在李月云院长的带领下，记者走过状元桥，来到书院正门，只见门口三棵木棉树枝叶扶疏，牌匾上由晚清学人、著名书法家黄基题写的“东山书院”四个描金大字庄严厚重。李月云介绍说，其中“东”字竖钩粗壮有力，有如一棵拔地而起的大树，这是黄基独创的笔法，叫“烟斗钩”，堪称中国书坛一绝，这块牌匾也因此成为书院的镇院之宝。

除了正门由黄基题写的“东山书院”外，书院内还展示了不少文人名士留下的牌匾和楹联。如正堂上方悬挂的“初步云梯”匾额，就是由书院倡建人、嘉应知州王者辅所题。据李月云介绍：“当年书院创建第一年就诞生了一名考上国子监的学生，这位学子叫钟许。王者辅作为书院的创建人特别高

兴，就为这位学子题写‘初步云梯’，勉励他将来还要青云直上，步步高升。”

东山书院在277年的历史进程中，经历了三个不同的发展阶段。第一个阶段是从创建之初的1746年至1903年，东山书院是儒家书院，也是嘉应州的最高学府；第二个阶段是1904年，晚清政府取消科考，引入新学，此时书院在黄遵宪先生的推动下改办为“东山初级师范学堂”；民国建立后，书院又在叶剑英和他的老师们的推动下，改办为现代东山中学。

从古老的儒家书院，到师范学堂，再到今天的东山中学，一脉相承，弦歌不绝。近300年间，代代英才俊彦从书院走出，如黄基、黄遵宪，后来的东山中学还培养了新中国元帅——叶剑英、骁勇善战的肖向荣将军，以及曾宪梓博士、曾毅院士等。“纵观这三个不同历史时期的发展，东山书院始终秉持同一个使命，那就是立德树人，东山书院始终以培养利国福民的人才为根本。”李月云说。

书院建筑与粤东客家文化

客家建筑具有独特的结构和造型，是客家文化的重要组成部分。东山书院的建筑就有着浓厚的客家印记，也是我国客家地区

晚清学人、著名书法家黄基题写的“东山书院”

规格最高的重檐歇山顶式书院建筑。

书院整体规划以中堂为轴心对称展开，左右两侧均有走马楼，以“三进”格局布置，主次分明，坐落有序，大气堂皇。从材料来看，整体建筑以砖木结构为主，二层三层的建筑主要用木质材料，其屋檐屋角、雕梁画栋，以及墙上的八宝图、文房四宝图、花开吉祥图等，都具有客家特色。

东山书院的最高建筑——魁星阁，是为供奉儒士学子心目中主宰文章兴衰的神魁星而建。读书人拜魁星，祈求榜上有名，中国各地都建有魁星阁，尤其在古书院中，魁星阁更具至高无上的地位。

这座重檐式山顶建筑，四面环廊，称之为阁。登阁从窗户向外望去，风景独佳。窗棂上满是随风飘扬的红色许愿布条，每年高考季，梅州当地都会有一批又一批的学子前往东山书院祈福，考生们将写着高考目标的祈愿带系在魁星阁上，寄托着“金榜题名”的美好愿景。

东山书院侧面图

东山书院走马楼

登斯楼，顿拓胸怀，按剑凭栏，望不尽，梅水南来，金山北拱；

敦有道，贵同肝胆，乘车戴笠，问记否，长堤携手，高阁谈心。

这是东山中学第三任校长叶菊年先生题写在魁星阁的一副对联。李月云说：“叶剑英元帅当年求学时，闲暇之余很喜欢倚靠在这里的窗边，凭栏远眺，顿拓胸怀，因为这里视野非常开阔，梅城层层叠叠的建筑一览无余，蔚为壮观。”

“走马楼”为客家建筑的一大特色，通常在二楼外部建有长长的木质走廊，适用于山区多雨气候，形成可迂回相通的回廊，使居室通风透气，干爽宜人。东山书院东西两翼的走马楼，体现了典型的客家建筑风格。

漫步在走马楼的回廊上，桂花香气扑面而来，馥郁宜人。原来，是一楼庭院中央种植的桂花开了，这棵桂树已有一百多年历史。如今书院充分利用庭院的环境，开设了“桂花树下的微课堂”，学子游客来到庭院当中，既可以欣赏古朴清幽的庭院美景，又能够了解书院的历史和文化内涵。庭院的另一侧，是特邀书法家丘仕坤为东山书院题写的“仁、义、礼、智、信”牌匾，可谓是一步一景，每一处景点都有独特的文化含义。书院平时也会吸引一些梳妆精美的年轻汉服爱好者，在庭院里打卡拍照，体验琴棋书画、围炉煮茶。

黄遵宪推动改办师范学堂

据李月云介绍，当年黄遵宪参与维新变法失败之后告老还乡，回馈桑梓。1904年，晚清政府取消科考，引入新学，当时全国上下的书院都改办成高等小学，而东山书院有幸在黄遵宪等多位有识之士的积极推动下，没有往低改办成高等小学，而是往现代教育转型升级，改办成全广东乃至全国最早的师范学堂之一，即“东山初级师范学堂”。

“改办为东山初级师范学堂这一举动，可以说是厥功至伟，在近代教育史上具有特殊意义，不仅让东山书院实现了华丽转型升级，也让书院肩负了更大的使命，那就是为中国开展新式教育，培养优质师资打好基础。”

李月云说：“在我们梅州这个偏僻的粤东山区，每一座村庄当年都有学校、学堂，可以说教育是非常普及的。与此同时，对教师的需求量也很大。而东山初级师范学堂的设立，恰恰就满足了当地对师范人才的需求，还为全省输送了一批批优秀的师资力量。所以广东人说‘梅州盛产教书先生’，就是这一个缘由。”

东山初级师范学堂建立后，培养了众多地方教育家，比如管佑新，他后来成了现代教育行业的有力推动者。但遗憾的是，师范学堂成立不久后，黄遵宪身染风寒，于1905年3月28日病逝，由他的好友丘逢甲先生代为主持招生工作。此时，丘逢甲有感而发，为此专门题写一副对联，以“东山”二字开头，悬挂于书院正堂——

东下即天堑长江，淘不尽千古英雄，闲气钟人，伏处在草庐，谈道读经，海滨尚有无双士；

山中知盛朝甲子，等养成一门将相，奇才应用，肃清遍寰宇，崇文尚武，儒行终能溢九州。

黄遵宪曾出使多个国家，被誉为“中国走向世界的第一人”，这副上联以海内无双来盛赞黄遵宪先生的卓越贡献，下联祝愿书院培养的俊彦英才，将来能够造福九州。

文化惠民让古老书院“活起来”

2008年11月18日，东山书院被广东省人民政府公布为第五批广东省文物保护单位。2021年，书院被列入广东省“十大岭南书院”建设名单，2023年又被列为广东省不可移动革命文物保护单位。从保护和传承的角度来看，东山书院自此开启了全新的篇章。

据李月云介绍，如今东山书院精准对标，致力于打造成为传统文化传承的重要阵地，新文明实践的重要基地、文化交流的平台。东山书院内成立了“向阳树”未爱守护联盟教育实践基地，推进未成年人保护工作。同时，书院还是梅州市青少年教育基地、人文社科普及教育基地、消防救援支队思想政治教育基地，以及街道党校的教学点。

“十大岭南书院”的微建设，有力提升推动了东山书院传承、保护、活化、利用的发展。曾经的古老课室，被赋予了新的功能，孩子们可以在这里读书看报学习。东山书院现藏书5000多本，以“四书五经”等古代典籍为主，可以自由取阅，很多家长会带着孩子来亲子阅读，实现真正意义上的文化惠民。

此外，为充分利用东山书院的教育资源，搭建全市学习教育平台、思想交流阵地，梅州市文明办依托东山书院开设“东山大讲堂”，邀请各界专家学者莅临讲学，分别开设红色讲堂、道德讲堂、客商讲堂、名家讲堂。同时每年常态化开展“四史”宣传教育、国学教育、“我们的节日”主题活动及志愿服务等。

如今，漫步在书院的任何一个角落，都能感受满满的人文气息。东山书院院长李月云深情地说道：“古书院的生生不息需要我们共同守护、共同传承，最重要的是要有一代又一代的年轻人走进书院、感受书院。没有了解就没有热爱，来了你才会发现书院里所蕴含的美。东山书院的亮点在于它建筑的美，在于它人文的美，在于它氛围的美，这些都需要年轻人来共同关注，从而达到生生不息的传承。哪怕就是来拍照打卡，也是一种美的传播。”

如今东山书院内的叶剑英纪念室

一代儒帅叶剑英的归读情怀

步上东山书院二楼，来到了叶剑英元帅当年求学时居住的寝室，寝室内的一副楹联——“剑胆琴心缵修伟业，英姿毅魄钟毓俊才”，表达了大家对叶帅的敬仰和爱戴。

叶剑英，广东梅县雁洋人，7岁入私塾读书，到1908年11岁时便进入离雁洋十多里路的丙村三堡学堂就读。1912年，叶剑英以优异的成绩从三堡学堂毕业，考进梅县务本中学。1913年，叶剑英参加了该校反官僚的学潮，和一些进步师生退出务本中学，依靠爱国华侨和社会开明绅士的资助，经县议会批准，以状元桥畔东山书院为开基校舍，另行创建了梅县私立东山中学。

在两年八个月的求学时光里，他两次当选学生自治会主席。第一届学生自治会在叶剑英主持下，成立了国文、英文、数学、理化、科学、社会等研究课，设立演说会、游艺会、新剧社等组织。由于他学习成绩优异、工作能力出众，被同学们推选为第二届学生自治会主席。校长让他执笔写下学生自治会的宗旨，叶剑英认为，读书是“为将来利国福民”，而非“博取无谓之功名”。他写道：“昔人有言，天下兴亡，匹夫有责。今日之学生，即将来之公民。学校所以养成有用之才，为将来利国福民。故学生在校，即当锻炼

从东山书院发展而来的广东梅县东山中学

其身心，增进其知识，以实利为归。非从前老学究之熟读书本，博取无谓之功名而已。”时至今日，“利国福民”这四个字被沿用下来，成为东山中学的办学理念。

据李月云介绍，当年叶剑英二度当选学生自治会主席之时，校长非常高兴，带着叶剑英和他的同学们来到二楼，对叶剑英说：“你们现在是更上一层楼了，现在这个教室拨给你们学生自治会使用，你写一副对联贴在柱子上吧。”叶剑英马上应允，他说：“好，校长，我就以你的更上一层楼开头吧。”大家一听，都竖起耳朵，为什么呢？因为常人都知道“欲穷千里目，更上一层楼”，“更上一层楼”是放在句子末尾，作为终极目标，以“更上一层楼”开头，要怎么写呢？此时的叶剑英说道：“更上一层楼，尽可扩胸怀，开眼孔；莫负少年志，何妨跨东海，驾西欧。”他的话音刚落，掌声不约而同响起。在少年叶剑英看来，更上一层楼不是终极目标，而是崭新的开始，长远的追求。这副对仗工整，立意高远，气势磅礴的楹联出自一位15岁客家少年，可见其少年壮志，胸怀天下。

在东山中学就读期间，叶剑英还留下了一首影响深远的《油岩题壁》。油岩，是东山中学后山的一个景点，叶剑英当年经常和他的同学们到后山的

东山书院二楼

大东岩和油岩跑步锻炼。1915年夏天，叶剑英在一次游览过程中与同学讨论时事，一时诗兴大发，拿起石头就在油岩上写下了这首七言绝句：“放眼高歌气吐虹，也曾拔剑角群雄。我来无限兴亡感，为祝苍生乐大同。”足见少年叶剑英的气度不凡。

1915年，东山中学第一届学生将要毕业，叶剑英受同学委托写下了振聋发聩的毕业同学录序言：“声华之友，以利相交，见利则争先，利尽交疏。道义之友，团结不懈，成则为周武三千，败则为田横五百。可常可变，可生可死。他日者，东西异地，南北异途，显晦异时，荣枯异遇，回忆东山风雨，渺若江河。”他于言语间提出了建立革命友谊的意义，鄙视自私自利，唯利是图者，勉励同学们自强不息，树立远大理想，团结奋斗，友谊长存，充满豪迈慷慨的英雄情操。

叶剑英离开东山中学之后，对母校始终怀有深情，时常回忆办校之初的艰难日子和在校期间的峥嵘岁月。新中国成立后，每逢东山中学校庆或其他重要活动，叶剑英都要写信或题词表示祝贺，他还多次回母校探望，帮助解决各项问题，关心同学们德智体美劳的全面发展，他始终没有忘记母校对他的培养教育。

叶剑英在晚年的时候，还念念不忘家乡山水，他特别喜欢晚清中兴名臣曾国藩写给其弟曾国荃的一副对联：“千秋邈矣独留我，百战归来再读书。”他在1977年的诗作《松园》写道：“四面青山列翠屏，松园终不老闲身。会当再奋十年斗，归读阴那梅水滨。”此诗充分表达了叶帅老骥伏枥、志在千里的凌云壮志和对家乡的深深眷恋，以及百战归来再读书，学无止境的精神。最后一句也成为如今梅城“归读公园”名字的由来。

后　记

岭南遍地有书声

《走读广东古书院》是南方都市报文体新闻部策划的走读系列报道的第二季，第一季《走读广东古城》，聚焦的是广东沿海因明代海防制度而设立的卫所城遗址，已由南方日报出版社于2022年7月出版，有兴趣的读者可以找来一读，或许更能体会因应挖掘与弘扬岭南优秀传统文化而诞生的走读系列报道之深刻内涵。

走读广东古书院系列沿用了走读系列一贯的多媒体报道方式，即记者通过实地走访和资料搜寻，以文字、视频、图片等丰富手段对遴选出来的十六座岭南古书院的前世今生进行了全方位的解读和呈现。其中，广州玉喦书院与莲花书院、佛山西樵山书院群、惠州丰湖书院、潮州韩山书院和龙湖书院以及汕头冠山书院由周佩文负责，广州万木草堂、肇庆星岩书院与端溪书院、潮州金山书院以及揭阳榕江书院由许晓蕾负责，东莞鳌台书院和梅州东山书院由朱蓉婷负责，广州青云书院由汪雅云负责，流水井、大小马站书院群则由陶新蕾负责。各位记者精诚合作，共同完成了对广东省内较有代表性的古书院遗址较为全面的解读，读者们可透过书中的文字，遥想当年那些硕学名儒在一座座书院里的风云际会。

由于赖以成长的“土壤”不同，各家书院的面目也迥异。譬如有的书院虽历经变迁但弦歌不绝，并演进为现代学校，如从榕江书院到揭阳一中，从龙湖书院到龙湖中学，又如从端溪书院到肇庆中学，都可视作这些书院的文脉得以赓续。有的书院却难抵岁月的侵蚀，空余断壁残垣供人凭吊，如藏身于增城南香山山坳里的莲花书院遗址，又如只余一座奎楼的考亭书院遗址。有的书院经修复后虽然不再常闻读书声，却因得到精心守护而成为“网红”文化空间，焕发勃勃生机，如青云书院和万木草堂，又如丰湖书院和鳌台书院。

著名广府文化研究学者饶原生曾经指出，古书院被修复后，如果不具备自我造血的能力，其实也是一种令人惋惜的“浪费”，因此，如何活化古书院变得至关紧要。在他看来，当年因梁启超、梁士诒等名流力保而免遭拆迁命运的广州青云书院可看作古书院活化的一个样本。它变身艺术馆后，古典与现代气息结合，经常举办各种文化活动，高朋满座，南方都市报2023年度“十大好书”评选发布活动也在这里举行，成为一时佳话。

惠州丰湖书院的活化又是另一种版本。2022年11月挂牌成立的丰湖书院博览馆，把传统书院与现代博览馆有机结合，目标是打造西湖科学讲坛、最美古籍图书馆，以及“千年书香、国学传承”的研学基地等，以赓续岭南书院文脉，建设大湾区文化高地。可见，修复后的丰湖书院承载着文化传承、学术交流等重要使命。与丰湖书院一同被列入广东省首批重点打造的“十大岭南书院”的还有东莞鳌台书院、梅州东山书院、潮州金山书院和肇庆星岩书院，挂牌后它们都根据自身特色和优势条件，开展了类型丰富的文化活动、学术研究和公益课程培训。譬如鳌台书院就在挖掘整理古鳌台书院首名进士王缜的著作文献方面屡有建树，编印出版《明王缜诗选注》、《梧山集》、《厚街乡音》续集等著作和地方文献，其中《明王缜诗选注》《梧山集》被国家图书馆等全国重点图书馆收藏。

走读古书院的过程中，研究古书院、守护古书院的人士也让人难以忘怀。如潮汕地区书院史研究专家、韩山师范学院的吴榕青教授，他多年来扎根故土，著有《韩山书院史稿》《潮州的书院》《历代潮州的祀韩书院——以碑刻资料为中心》《宋元潮州的书院》《潮汕地区明清书院发展述略》等专著和文章，可见其用功之深。在我们的采访中，他引经据典，力排众议，把韩山书院改办新式的惠潮嘉师范学堂的年份更正为1904年，其对学术的执着与认真让人肃然起敬。

又如地方文化爱好者周喜铭和许涛利用业余时间创办微信公众号“家在冠山”，其中不少文章就世人对汕头冠山书院历史的错误认识进行逐一厘清，包括“冠山”的“冠”字究竟是读第一声还是第四声；包括冠山书院的诸多别称：“文祠”“冠山考亭书院”“冠山考亭祠”“朱晦庵书院”“朱夫子祠”“朱文公祠”“考亭夫子祠”等等。他们听说记者从广州来，还请记者帮忙到广东省立中山图书馆查阅书院山长许瑶编写的教材，以补充到书院资料库里。

再如广州莲花书院的湛汝松老人，他就是唤醒“南樵”南香山的学者之一。2003年退休后，他开始寻觅湛若水在南樵的遗迹。2009年11月23日，他与友人在南香山密林的碎砖堆里找到莲洞书院一截断壁残垣，接着又在附近找到“海阔天空”刻石，于是连夜写成《触摸莲洞书院》一文，向外界披露南樵莲洞书院重见天日的重要消息。之后，湛汝松接受文史部门委托，搜集大量资料，多次撰写文章向世人介绍南樵。莲花书院遗址被评为2018年“南粤古驿道文物重大发现”。

每座书院的建立，必定在当地引发崇文兴教之风，而书院的创建者也会被当地人奉若神明，留下诸多美谈。譬如与包拯有关的“掷砚成洲”传说和“包公井”，与钟玉嵒有关的“萝岗香雪”和玉嵒诞，与湛若水有关的“尚书怀”荔枝，与方献之有关的西樵大饼和半山扒龙船风俗…… 总之，一座座书院在历史的沉淀下更显韵味悠长，走进书院，犹如打开灿烂的文化长卷，焉能错过?!

“读书之乐何处寻，数点梅花天地心。”在我们看来，走读广东古书院的乐趣亦然。

周佩文

2024年7月